マニア流！

まちを楽しむ「別視点」入門

ドジっ子看板／商店街／片手袋／電線／路線図／空想地図／バックヤード
峠の鉄道の歴史／歩行者天国／顔ハメ姿／いぬくそ看板／小屋／カラーコーン
鉄塔／ガラスブロック／まちのチャーミング／旧町名／電気風呂
室外機／電飾／火サスごっこ／顔ハメ看板／アート系壁／野良サイン
ゴムホース／松田ペット看板／ドボク／落ちもん／珍スポット／マニアパレル
野良イス／路上園芸／街角狸／ドネルケバブ／散歩／平成レトロ

合同会社別視点 編

学芸出版社

はじめに

合同会社別視点は、「世の中に「別視点」を増やす。」をミッションに活動している会社だ。「別視点」＝今まで意識していなかった角度や切り口による、ものの見方。「別視点」で物事を捉えると、その場所にもともとあったけれど気づいていなかった魅力や価値を発掘できる。観光地として認知されていなくても、名物なんて何もないと思い込んでいても、「別視点」で見てみると、地域の意外な見どころが見つかるかもしれない。

それでは具体的にどうすれば「別視点」を身につけられるのだろうか？

われわれは、そのポイントは「インプット・発見・発表」の3ステップだと考えている。

まずはいろんな「別視点」をインプットして、頭を柔らかくする。

次に、実際に自分の目で地域を見てみる。インプットした視点を手がかりにしてみるのもいいだろう。主体的に様々な切り口で物事を見ていると、やがて自分なりに気になるもの、引っ掛かるものを発見できる。それが自分独自の「別視点」だ。

最後に、発見した自分なりの「別視点」を発表してみよう。視点に正解はない。自分の言葉で発表するという言語化を通して、見つけた視点の輪郭がよりハッキリとし、より深く自分の中に視点をインストールできる。自分を通して「別視点」を使うことで、新しい「別視点」は身体の一部となる。また、何気ない場所やおなじみのモノであっても、「別視点」で切り取って発表すれば、世界に新しいおもしろさを生み出すことができる。多様な「別視点」が掛け合わされた分、世界がどんどんおもしろくなるのだ。

　この一連のステップを身につける上で、インプットの手がかりのひとつになるのが、特定の対象に詳しいマニアや専門家たちの「別視点」だ。

　合同会社別視点は、2018年から「マニアフェスタ」というイベントを主催している。道に落ちた片方だけの手袋、田んぼに佇む小屋、誰かが外に置いたイス、軒先のゴムホースといった、身近にあったのに気づいていなかった様々な視点を探求するマニアが勢揃いし、日頃の発見・研究の成果を、冊子やグッズ、演奏、イベントといった様々なアウトプットのかたちで楽しめる祭典だ。毎回100組以上、熱量高くアウトプットを続けるエキスパートたちが登場する。

　本書では、これまでわれわれが出会ってきたマニアたちの視点を手がかりに、地域の魅力を発掘し楽しむ方法をご紹介する。また、合同会社別視点が手がけてきた事例もご紹介する。

「別視点」は、特定のマニアに閉じられたものではなく、誰にとっても開かれたものだ。老若男女や年齢関係なくどんな人でも、ちょっと視点を変えることで、その人なりの「別視点」を発見できる。

　本書が、様々な地域の方々がまちを楽しみ、地域の新たな魅力を発掘するヒントとなれば幸いだ。

※特記なき写真は©合同会社別視点。
p.121～156の画像はいずれも各頁のマニアさんからご提供いただいたものです。

1

「別視点」でまちが変わる？

何もない地域なんてない！

合同会社別視点の歴史を遡ると、代表・松澤個人の「別視点」にたどりつく。松澤はライターとして、国内外の「**珍スポット**」と呼ばれるちょっと変わった場所を巡り歩き、その様子をブログ「東京別視点ガイド」で投稿し続けていた。

たとえば、東京の下町にあるたこ焼き屋。見た目は何の変哲もないまちのたこ焼き屋だが、ラインナップを見ると、「あっさり味」「こってり味」といったオーソドックスなたこ焼きの他に、「木村拓哉味」や「ナイナイ岡村味」なんていう味付けがある。店主曰く「**味を自由に変化させるたこ焼き屋**」である。「どういう理屈で味を変えるんですか？」と店主に尋ねると、「全ての物質には、物質頭脳という記憶装置がある。そこに干渉し、いったん記憶を抜いて新たな情報を入れると、どんな味にもできる」といった、なんだか怪しげなことを言う。「味を変えてください」とお願いしてみると、指をパチンと鳴らし「さあ、変わりましたよ」という店主。早速食べてみるものの、正直なところ味が変わったかは不明。しかし「味が変わっていません」とは言わせない、店主の異様な圧力があった。

また、石川県にある「**ヤッホー」しか喋らない茶漬屋**。繁華街のほど近くにある、老夫婦2人で経営する人気のお店で、店主の夫婦が「いらっしゃいませ」の代わりに大きな声で「ヤッホー」と叫ぶところからスタートする。メニューは「なめこ茶漬」や「鮭茶漬」といったオーソドックスなラインナップだが、茶漬を運んでくる時も「ヤッホー」と言いながら持ってくる。おかずが残っていればご飯のお代わりは自由だが、お代わりしたい時は客側も「ヤッホー」と手を上げなければならない。店内中に「ヤッホー」が飛び交っているシュールな空間なのだ。一部に物見遊山の客もいるが、ほとんどは常連客。夜中に開店し朝方まで営業しているお店なので、主な客層は夜のまちで働く人たちだ。みな、特段変わったことをしている風ではなく、いつものこととして真顔で「ヤッホー」「ヤッホー」と叫んでいる。

「東京別視点ガイド」ではこのような、店主独自のルールがあるようなおもしろおかしな空間を巡り歩き、記事として紹介していたところ、月間100万PVほど閲覧されるサイトとなった。

このような強烈な個性を放った「珍スポット」は、意外にも地元の人には知られていないことが多い。

地元の方に「この地域でおもしろい場所はありますか？」と聞くと、「**うちの地域には何もない**」という答えが返ってくることが多かった。

当初は「そうなのか」と真に受けていたが、実際にあちこちの地域を訪れ「何もない」と言われた土地をくまなく探してみると、**必ずと言っていいほどおもしろいものが見つかった。**

「珍スポット」という視点で見れば他にないユニークなものでも、当事者である地元の人にとっては、「目には入っているものの行くことがない場所」という箱に無意識に入れられ、あるのに見えていないものとして扱われてしまうのかもしれない。

「別視点」が観光需要を生み出す!?

やがて「実際に珍スポットの現場を案内したい」という思いから、2016年に法人化。日本や海外にある珍スポットを巡るバスツアーやウォーキングツアーを定期的に催行するようになった。代表・松澤個人の「別視点」を他の方にも実際に体験していただく、というフェーズである。

たとえばタイでは、地獄寺という、コンクリートオブジェで地獄を再現したお寺を訪れるツアーを行った。タイには歴史ある立派な寺社仏閣があるが、地獄寺は辺鄙なところにあるせいもあって、一般的な観光ではまず訪れない場所だ。ツアーに同行いただいた通訳ガイドの方も、何十年もこの仕事をしているが、はじめて行く場所だとおっしゃっていた。

　このようにツアーでは、通常の観光では行かない場所へ行き、そのスポットの背景や、店主の思いなどを解説した。

　ツアーを続けていくうちに、「別視点」で観光を楽しむ方法は何も珍スポットに訪れるだけではないと気づくようになった。何かに詳しい専門家やマニアも、一種の「動く珍スポット」ではないかと捉え始めたのだ。そこで、専門家やマニアにガイドを務めていただくツアーも企画した。

　２０１９年には、銭湯マニアであり画家の塩谷歩波さんのガイドで、銭湯を巡るバスツアーを開催した。塩谷さんは、もともと建築設計事務所で働いていた経験を活かし、日本各地の銭湯を訪れ建築の図法で描く「銭湯図解」を制作し続けている。銭湯愛がとにかく強い塩谷さんの解説を聞きながら銭湯に入りたいという人が集まり、１４８００円という、バスツアーとしては少々高めの値段設定ながら、すぐにチケットが完売した。行き先は、まちなかにあるなんてことない普通の銭湯4軒だったが、塩谷さんの熱量こもった解説で大いに盛り上がった。4回も入浴した参加者は心底リラックスし、帰り道は参加者の9割以上がバスの中で熟睡していた。

　専門家やマニアの視点があれば、**一見なんでもないように思える地域にも、観光需要を生み出せる。**その最たる例が「下町・平井の植木鉢をひたすら鑑賞するツアー」だ。ツアーのガイドは、２００８年から植木鉢の写真を撮り続けている、アーティストの木村りべかさん（136頁）。木村さんのガイドのもと訪れたのは、東京都江戸川区の平井という下町だ。

観光ツアーではまず訪れないまちをツアーの旗を持って集団で歩いていると、それだけで異様な光景。しかしひとたび木村さんの解説とともに植木鉢を鑑賞すると、味わい深い光景にあふれていた。まちの植木鉢は、トロ箱や鍋などが転用されることもあり、そこから鉢を置いた人の人生や生活の一端に触れられる。また植木鉢を主に手入れしている高齢の世代は、ブログやSNSの代わりに植木鉢で一種の表現活動をしているとも言える。それがまちなかの空間に無防備に出ているのだ。木村さんの解説とともに植木鉢を見て歩くと、土地の生活や歴史を読み取ることができる。何気なく街角に置かれる植木鉢が、立派な観光資源になるのだ。参加費3500円、定員18人のツアーはすぐに完売した。

植木鉢ツアーでのひとコマ

タイツアーで訪れた、地獄寺

　片手袋研究家・石井公二さん（123頁）のガイドで「道に落ちている片手袋を探すツアー」も開催した。こちらも参加費は3500円。**片手袋を探すだけで3500円なんて、普通に考えたらおかしい**が、これも18人の定員がすぐに埋まった。石井さんは、路上に落ちた片方だけの手袋を20年近く写真に撮り続けている。終電を逃してタクシーで帰る途中に窓から片手袋を見つけたら、わざわざ後から現場に戻って写真を撮るほどだ。石井さんは路上の片手袋を大きく「放置型」「介入型」と分類している。道に落ちたままの状態が放置型、誰かが拾ってガードレー

片手袋を探すツアーでのひとコマ

ルなどに引っ掛けてあるものが介入型だ。ファッションとして身につけるような、高そうな手袋は介入型になりがちだ。見つけた人が「これは大切そうなものだな」と思って、見つかりやすい場所や踏まれにくい場所に置いてあげるのだろう。介入型の片手袋1枚から、都市における人の優しさが垣間見えてくる。路上の片方だけの手袋、というなんてことないように見えるものでも、お金を払って見聞きしたい人がいるようなコンテンツとして、観光需要を引き出せるのだ。

ちなみに上の写真は、片手袋を探すツアーでのひとコマ。見ての通り、**観光地でもなんでもない住宅地で、片手袋を発見して一同大歓声が起こった**のだ。

こういったものでものすごく盛り上がれてしまうのが、マニアが持っている「別視点」の力である。

観光需要を生み出す専門家やマニアは、もちろん対象物について熟知しているが、単に知識量が多いだけではない。「何かが好きだ」という熱量があり、それをアウトプットし続けている、それこそが観光需要に結びつくのだ、とわれわれは考えている。われわれが力強く地域の魅力と言っているものは、植木鉢や道の落とし物など、一般的には「存在しているのに、見ていないもの」が多い。熱狂的にその価値を信じ、アウトプットを続けている人間のガイドで対象物を見てみると、「**なんだかとんでもないものを見ているんじゃないか**」という気になる。小さな熱狂が広がり需要を生む、それが価値の本質であると思う。その対象は、植木鉢でも片手袋でも、世間一般に評価されているものでなくても、なんでもいい。自分の「好き」を信じることが大切だ。

このように、視点をちょっとずらしたり、見方を変えることで、あらゆるものが地域の魅力になりうるのだ。

マニアの「別視点」が一堂に会する場

――マニアフェスタ

そうした専門家やマニアたちが一堂に会するイベントとして始めたのが「マニアフェスタ」だ。

〝マニアとは、見えてる人たち。

庭先のゴムホースだったり、道に落ちてる手袋だったり。

あるのに見えなかった、何気なく通り過ぎていたものに、美しさやおもしろさ、呪いを感じている人たち。

「マニアフェスタ」はそんな視点を、グッズに、本に、イベントに、いろんな方法で表現する祭典。

ここに来たあなたは、もう、いままでどおりに歩けない。素通りできない。

そう、あなたも、もう見えてる人なのだから。〟

様々なジャンルのマニアが集まるマニアフェスタ

２０２０年に開催されたイベント「マニアフェスタVol.4」のパンフレットに掲載された一文だ。

マニアフェスタは、幅広いジャンルの対象物を熱狂的に愛でるマニアや研究者、専門店が一堂に会する展示即売会。いわば様々な人の「別視点」が勢揃いする場だ。

「ゴムホース」や「片手袋」、「鉄塔」、「電線」、「小屋」など、対象物は様々。身近に存在するけれど、わざわざ意識したことがないような対象物であっても、それぞれのマニアにその対象物を愛でる背景や、その人なりの分析や愛で方、発信方法がある。

２０１８年以来、２０２２年４月までに計６回開催し、毎回２０００人以上が来場し、メディア取材も10社以上入るイベントになった。

「別視点」は誰にでも見つけられる

このように合同会社別視点では、何かに特化して偏った「別視点」で世の中を見るという軸で様々な活動を手がけてきたが、「別視点」を身につけられるのは何もマニアや専門家だけではない、とも考えている。

珍スポットを巡るバスツアーで一番盛り上がるのが、印象深いスポットを巡った後、バスの中で参加者同士がしゃべる瞬間である。新たな視点を取り入れた後、他の人に話す時に、参加者の熱量が高まるのだ。

マニアによるガイドでまちを歩くツアーでも、解説を聞いた後に実際に探してみる時間が一番楽しい。解説を聞くと、対象物を探すアンテナが立つ。そうすると、同じ場所であっても自分の感覚やものの見方が変わる。はじめは外からのインプットがきっかけであっても、それを自分の中に一度取り込み、縦糸と横糸を織るように自分というフィルターを通すと、それは自分独自の視点となるのだ。そうやって**自分の視点を発見する瞬間が、一番おもしろい**。

教える側／聞く側という構図ではなく、誰でも自由に発表する側・参加側になってもらう、というのは、マニアフェスタを始めた当初から伝えたいと思っていたことでもあった。「自分は意外とこれに詳しいかも」「これが好きかも」という気持ちさえあれば、アウトプットの方法は問わず参加してもらいたい、ということは、当初から大事にしていた思いである。

実際にマニアフェスタでは、最初はお客さんとして来ていた方が、出展マニアの視点に感化され自分でも観察するようになり、やがて出展者側になった、という嬉しい動きもあった。

ちょっとしたヒントさえあれば、何十年と研究し

鳥取県淀江でのワークショップでまちを歩く参加者たち

ているマニアだけでなく、どんな人でも「別視点」を身につけられる。それを強く思うきっかけともなったイベントが、２０１７年に鳥取県の淀江(米子市)で行った講演&ワークショップだ。

「町を別視点でみるたった一つの方法」と題したこのイベントは、毎年30ほどのまち歩きツアーを開催している鳥取県のまち歩きツアー事業「よどえまるごと道草日和」より依頼を受け、実施した。

参加者は40名ほど。50代以上の方からファミリー層まで、幅広い年齢層の参加者にお集まりいただいた。

イベントの冒頭で、「片手袋」や「珍スポット」「植木鉢」といった、様々なマニアや専門家の視点を紹介し、まちなかにあるものでも見方によってすごく楽しめるということを話した。

その後、参加者たちと一緒に実際に淀江のまちを歩いた。まち歩き中に道端の手袋を見つけた参加者の中には、「あ、これは「介入型」の片手袋ですね」と、事前に解説した片手袋の分類法を早速実践していた方もいた。また片方だけの靴下を発見し、「これは片手袋ではないですね」という参加者も。片手袋を理解した上で、「じゃあ自分が発見したものは、どんな分類ができるだろう?」と、一度取り入れた視点を自分の中で咀嚼し、応用していたのだ。

このまち歩きで特に印象深かった発見が、「賽《さい》の神《かみ》」だ。淀江には道端に80ヶ所ほど、「賽の神」と呼ばれる男女が並ぶ道祖神のようなものが祀られている。参加者の中に、賽の神の前に供えてある藁馬に詳しい方がいて、たとえば「藁馬づくりが得意な人がまちに数名いて、作風で誰が作ったのか分かる」「賽の神さまを信仰している人が公民館で「つくる会」をやっている」など、住んでいなければ分からない話をいろいろとしてくれた。

地元の方にとっては、賽の神はありふれたものなので、わざわざ意識する存在ではなかったそうだが、みんなで立ち止まって10分、20分とその方の話を聞くと、一気におもしろいものとして立ち上がってきた。

男女双体の道祖神「賽の神」
（写真：田中崇詞（米子市役所））

賽の神に供えられた藁馬

まち歩き後に、各自見つけたものからツアーを企画するワークショップを実施したところ、参加者の案で賽の神を巡るツアー企画が生まれた。後日、そのツアーは実際に行われたそうだ。

まち歩き中に藁馬を解説していた参加者に、「あなたは「賽の神マニア」ですか？」と聞いても「違う」というだろう。しかし、何かにすごく詳しかったり、そのエリアに住む人しか知らないことを知っていたりすると、その情報が観光資源になりうるのだ。

事前に様々な視点を取り入れアンテナが高くなった状態でまちを見ると、いつも何気なく見ている光景でもこれまでになかった発見が増える。「へえーおもしろいですね」と、地域外からの新鮮なフィードバックがあると、「空き缶で作った風車がやたらある」「川が増水した時のために、川沿いには船が置いてある」など、発見が活発になる。

また参加者の中には、マンホールが好きな方もいらっしゃり、まち歩き中も発見したマンホールの解説をいろいろとしてくれた。

自分の好きなものについて心置きなく話せる場は、意外と少ない。謙虚な人ほど、自分の好きなものについてべらべらとは喋らないだろう。もしかしたらその方は、あのワークショップの場だから話してくれたのかもしれない。

「自分の好きなことを言っていい」という空気感、発表したことに対して「おもしろい」と反応する空気感を作り出す。そうやって、知識量など関係なく安心して「好きなもの」を発表できる場にする。それが結果的に、その土地ごとのおもしろさを引き出す一種の引き金になりうるのだ。

この鳥取県淀江でのワークショップは、**「ヒントさえあれば、誰でも「別視点」を身につけられる」**ということを強く実感するきっかけともなり、現在合同会社別視点が手がけているお散歩ゲーム型イベント（194頁）へとつながっていった。

それでは、具体的に「別視点」を見つけるにはどのような方法があるのか、次の第2部では、視点や切り口のヒントとしていただくべく、様々なマニアのものの見方をお伝えする。

〈参考〉鳥取県で「町を別視点でみるたった一つの方法」という講演会をやってきました（東京別視点ガイドHP）
http://www.another-tokyo.com/archives/50551310.html

2

「別視点」を見つける3つの方法

行ったことのあるまちでも人によって見ている風景が違う、というのは多くの方が体験したことがあるだろう。たとえば子どもは、視線が低い分、地べたを這う虫や植物によく気づく。また飲食店を営む人や料理好きの人なら、そのまちの中で新鮮で安い食材が手に入る店の情報に詳しいだろう。車を運転する人なら、電車移動だけの人に比べて、高速道路や抜け道などの道路事情に詳しい。

視点とは、一人一人のものの見方や切り口だ。

おじいさん、おばあさんから子どもまで、人の数だけ視点が存在する。

他の人の視点に触れると、見知った物事や場所の、別の見方を手に入れることができる。

その人独自の視点とともに味わってみると、ああ、こんな捉え方や味わい方があったのか、とその対象物が特別なものに思えてくる。そうやって自分の中に新たな視点がインストールされる。

視点をインストールすると、それがアンテナのように働き、今まで意識しなかったものに目が留まるようになる。一緒くたに「電線」や「マンホール」、「雑草」だと思っていたものにもひとつずつ名前や特徴、味わい深さがあると識別できるようになると、日常風景の解像度が上がる。また風景に独自のタイトルをつけたりストーリーを想像してみたりすることで、対象物に親しみがわく。

第2部では、これまで出会ってきたマニアや専門家たちを手がかりに、地域の魅力を発掘し、楽しむヒントとなる「別視点」の見つけ方を、大きく3つに分けてご紹介する。

1つ目は「**そのもの自体を深掘りする**」こと。特定のものや現象に着目し、そのもの自体の歴史やバリエーション、そこから見える人の営みなどを客観的に読み解く、という方法だ。

２つ目は「**自分の感覚で楽しむ**」こと。より主観的に、自分独自の感覚で楽しむ。意外なものに美や可愛さを見出したり、見る時間帯や季節を変えてみる方法だ。

３つ目は「**そのものに自分を関与させる**」ことだ。自分が主人公となり、まちを舞台に体験する、という方法である。

これらはあくまで切り口なので、同じ対象物であっても複数の方法で楽しめる場合もある。特定の対象にピントを合わせてみたり、よく目にするものでも違った方向から光を当ててみたりと、今まで気にも留めていなかった視点でまちを見てみると、見えていなかった景色が浮かび上がってきたり、今まで抱いたことのない感情が芽生えてきたりする。

人によって気になる対象物は違うし、同じ対象物であってもその人の生まれ故郷や住む地域、仕事、趣味趣向などによって捉え方は異なる。

新たにインストールした視点に、自分独自のフィルターを掛け合わせてみると、それが自分だけの「別視点」になる。

方法① そのもの自体を深掘りする

地域の魅力を発掘し、楽しむヒントとなる「別視点」の見つけ方。

1つ目が、特定のものや現象に注目して対象物を深掘りする、という方法だ。

一歩外に出たり、あるいは窓辺に近寄ってみたりして、まっさらな気持ちでぐるりとあたりを見渡してみよう。何が目に入るだろうか。マンホール、道路、植物、ブロック塀……

まちの風景は、実に様々な要素で構成されている。

忙しい日々の中だと、何も意識せずに通り過ぎることがほとんどだろう。

建物、設備、河川、動植物。オフィシャルに設置されたもの、個人の暮らしに伴い自然と生まれたもの。人が暮らすまちには、とにかく多種多様なものが存在している。

ちょっと時間がある時に、その中のどれかひとつでもいいから、何か対象を定めてじっくり観察してみたり、同じカテゴリーで見比べたりしてみてほしい。一緒くたに「雑草」だと思っていたものも、よくよく近づいて見てみるといろんな葉っぱの形があるし、「マンホール」ひとつとっても、蓋に刻印された情報や柄は、ものによって様々だ。「ブロック塀」の透かし穴の模様も、バリエーション豊富である。

まちを楽しむための第一歩として「特定の対象物にピントを合わせてみる」という方法はおすすめだ。

背景に埋没していたものが視界に浮かび上がってくるだけで、今まで見ていた景色が少し違って見えてくる。

ピンときたり、心に引っ掛かったものに、まずはピントを合わせて、写真に撮ってみる。別の場所に同じ対象物があれば、再び写真を撮って、過去に撮ったものと見比べてみる。図鑑やカタログがあれば、参照してみるのも良いだろう。

事例が溜まってきたら、特徴的な状態に自分なりのネーミングをしたり、似たような状態を類型化してみる。

それまで一緒くたになっていたものにも、それぞれに特徴があるのが見えてくると、目の前の風景の解像度はぐんと上がる。

ありふれたものであっても、観察事例が増えるほど、その中でのメジャーなもの・レアなものが徐々に見分けられるようになってくる。

また、まちで見られる多くのものは、人の手を介している。既製品であってもその背後には設置場所ごとの条件が反映されているし、ときには設置した個人のクセが現れてしまうこともある。既製品で補いきれない場合や既製品が破損してしまった場合、応急処置的に手作り品で代替することもある。既製品ではないものには、製作者の人間味やキャラクター、生活感がよりにじみ出ており味わい深い。また既製品ばかりのまちなかにふと現れる手作り品は、どこかバグのようでもあり愛らしい。

対象物そのものに加え、その背後にいる人の様子を想像したり、歴史を紐解いてみたりと対象物を巡る現象や周辺のものとの関係性を掘り下げていくことで、対象物を入口に、まちに暮らす人たちの営みが生き生きと立ち上がってくるだろう。

窓辺の洗濯物。路上の落とし物。軒先の鉢植え。ありふれたように思える対象物ひとつひとつにも、背後にはそこで暮らす人、家族、地域独自の事情がある。それを深掘りしていくことで、そのまちならではの見どころや魅力にもアクセスできる。

以下では具体的に4つのTYPEに分けてご紹介していく。

TYPE1：まちのレアものを掘り当てる

歴史的な人物や出来事にゆかりのある史跡や重要文化財、世界遺産に認定されるような見事な絶景スポット。その土地ならではの自然条件や歴史と結びついた場所は、他には代えがたい貴重な資産だ。それゆえ、多くの人がわざわざそのためだけに遠方から足を運ぶ観光名所ともなりうる。

しかし「レアもの」という切り口で対象物を広げてみると、身近なまちに潜む意外な一点物が見えてくる。

まちに潜む意外なレアもの

（1） 知ることで見えてくるレアもの

レアものを探り当てるための第一歩は、まず対象物にピントを合わせてみることだ。建物？植物？壁？置物？普段の自分の興味関心や、ふと目についたもの、理由は分からないが気になるもの。なんでもいい。

対象物を見つけたら、それをひたすら探し歩いてみよう。それだけで、目にするまちの風景が少し違って見えるはずだ。

たとえば一例として「植物」にピントを合わせてみる。街路樹や個人宅の鉢植え、隙間で自生する植物など、ひとくちに植物と言っても、まちには様々なルーツの植物が存在している。「植物」目線で風景を眺めてみると、人工物ばかりと思っていたまちなかにも、意外に植物は存在するんだな、ということが見えてくる。

植物にはひとつひとつに名前があり、その植物なりの特徴がある。目に留まった植物の名前を図鑑で調べてみると、実は隙間でたくましく自生する植物が、驚くほど遠くの国からやってきたものだった、ということが分かったりもする。

現代のまちなかで見られる植物の多くは、南米や北米、ヨーロッパなど、海外から様々な事情で日本に運ばれてきたものだ。むしろまちなかに関しては、日本の在来種の方が少数派かもしれない。

インド洋諸島原産のナガエコミカンソウ。東京にて（写真：村田あやこ）

このように、ピントを定めて見比べ、図鑑や文献などで客観的情報を集めていき、知識を深めていくことで見えてくる「レアもの」がある。例として植物を挙げたが、植物以外の対象物でもある程度共通して言えることだろう。

たとえばマンホール、送水口、公園遊具といった設置物であっても、種類やタイプ、制作された時代といった客観的情報とともに観察してみると、何気なくまちなかに佇むものが実は貴重なものだと分かる場合がある。

(2) 名付けることで見つかるレアもの

客観的情報ではなく、形状・状態などの特徴から、自分なりの独自の名前をつけたり分類していくことで、その中でのレアものが浮かび上がってくることもある。

客観的な情報ばかりに注力してしまうと、ともす

炊飯ジャーや樽などが鉢に転用された「転職鉢」（写真：村田あやこ）

ればその対象物がひそかに放つ、唯一無二の味わいを見落としかねない。自分なりのテーマを見つけて名付けるという言語化を通すことで、その対象物の本来の姿を自分の五感でよく観察することにつながる。

たとえば、先程は植物の話だったが、今度は植物が植えられている鉢に着目してみる。プラスチック鉢や素焼き鉢など、園芸用に作られた鉢がメインだが、時おりそういった既製品の鉢に混ざって、別の用途で使用されていた容器が園芸用に転用されていることがある。路上園芸マニア・村田あやこさん(152頁)は、このような鉢を「転職鉢」と名付けている。既製品の鉢ではない容器が鉢になっている様子からは、生活や人間味が感じられ愛らしい。

メジャーどころは海産物を運搬する発泡スチロール製のトロ箱や、鍋、漬物樽、釜飯の器など。タイヤ、業務用冷蔵庫や浴槽、洗濯機の洗濯槽など、びっ

マンホール蓋の下の部分が鉢に転用された例（写真：村田あやこ）

くりするような大型のものもある。珍しいケースだと、大工が線を引く際に使う墨壺に植えられていたことも。

マンホール蓋の下のコンクリート製の部材に松が植えられていたという驚きの事例もあった。最初はマンホールの一部だとは気づかなかったが、村田さんに同行していたうちの1人がマンホールに詳しかったことから判明したという。複数の人の視点や知識をクロスさせて見えてきた「レアもの」である。

台湾では、塗料やオイルの容器がよく植木鉢に転用されている。国や地域によって、当然手に入りやすい容器や、そもそも園芸文化自体も違うだろうから、様々な場所をフィールドワークしていくと、特徴が見えてくるかもしれない。

調べていくうちになんと、鹿児島市内のとある地区を対象に、既製品の鉢以外の容器がどのように用いられているかを約50年前に調査した論文も発見した（松尾英輔「家庭園芸に関する研究：1アイディア鉢について」鹿児島大學農學部學術報告、1978）。この論文によれば、50年前の「転職鉢」の筆頭格は木箱。今では魚などの流通には発泡スチロール製のトロ箱がメジャーだが、当時は主に木箱が用いられていたらしい。最初はその見た目に惹かれ、独自に名付け観察し始めた「転職鉢」だったが、いろいろと見比べていくうちに、「転職鉢」はその国や地域、時代ごとの暮らしを反映している、ということまで浮かび上がってきた。

こうやって自分なりの切り口でフィルタリングし、その特徴から名付けることで、差異が見えてくることがある。

(3) 創意工夫あふれるレアもの

まちにはそこで働いたり暮らす人が何かの事情で自作したものも存在する。たとえば「立入禁止」「犬のフンは持ち帰りましょう」といった注意看板には、オフィシャルに作られた既製品に混じって、独自に製作されたものがある。既製品を用意するのには時間やお金がかかるし、状況や要望に合わせてカスタマイズされたものを用意したい、という思いもあるだろう。後ほどTYPE4「DIY的な営みを見つける」でも詳しくご紹介したい。

即席で手作りしたものだけでなく、その店や家の主による長年の趣味趣向や創意工夫の積み重ねによって、独特の世界観を持つものや空間が生み出されることもある。

その場独自の事情が乗っかって生まれた創作物は、否応もなくレアもの。同じものがない、唯一無二のアートである。

以下では、路上の片方だけの手袋の落とし物＝片手袋を長年記録・研究し続けているマニアの視点を、「レアもの」という切り口からご紹介したい。

片手袋マニア・石井公二——あらゆる事例に接してはじめて見えるレアもの

▼マニア名鑑123頁

まち歩きが趣味の人ならば、必ず一度は考えたことがあるだろう。**「なぜこんなにも、道路に手袋が落ちているのだろうか」**と。ひとたび意識すると、世界は手袋に充ちみちていることに気がつく。片手袋研究家の石井公二さんは、片手袋に注目し始め30年。現在までに累計5000枚ほどの片手袋を撮影している。

「記録し始めたのは、カメラ付き携帯を買ったときからなので、15年以上前。撮るものもなかったので、昔から好きな片手袋でも撮ってみようかなって。

最初は「佐川急便のマークを触ると運があがる」というジンクスみたいなノリだったんですよ。見つけたらラッキー。でも、最近は「霊柩車が通るとき、親指を隠さないといけない」みたいに逆転してしまっています」（石井公二さん、以下同）

片手袋を撮らないと罪悪感を感じ、もはや「呪い」のようだと笑う石井さん。

「終電を逃してタクシーで帰っているときに車内から見えちゃって。家に帰ったはいいけど、やっぱり気になっちゃって、そこまで自転車で戻って、写真に収めて「よし！」と。

自分でも何が「よし！」なのか分からない」

撮影した片手袋は、見つけた場所や発生した過程に応じて分類し、「片手袋分類図」としてまとめている。２０１２年の初版作成から改訂を繰り返し、２０２２年現在は９版。実例が増えるごとに分類が細かくなっているそうだ。

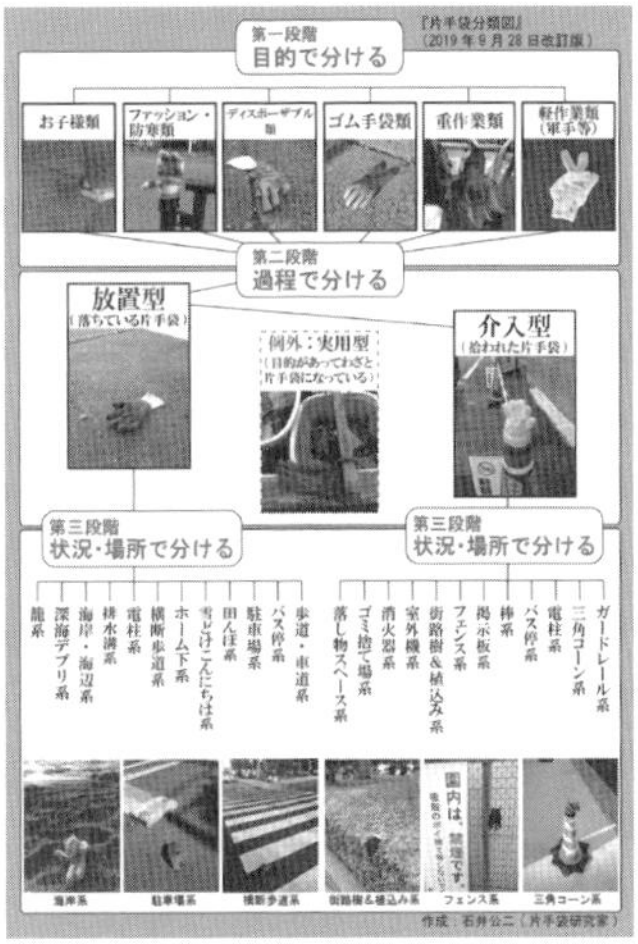

片手袋分類図（作成：石井公二）

「「放置型」と「介入型」の分類が一番大事です。放置型っていうのは落ちたままの状態、介入型っていうのは落ちているのを誰かが拾い上げて目立つ場所に移動してあげた状態。ここはもう、決定的に違ってくる。

もともと介入型は「優しさの表れ」として紹介していたんです。でも、優しいだけじゃない。ちょっとおもしろいところに引っ掛けたり、鉛筆をつかませたりとか、イタズラ心もある。イタズラっていうのは不特

鉛筆を掴んでいる片手袋
（写真：石井公二）

定多数を「ちょっと笑わせてやろう」っていう気持ちの表れですよね。**路上ってそういう表現がじわじわ染み出ている場所**でもありますね。

今はなくなってしまったけれど、築地市場の片手袋には注目していました。築地市場の片手袋って、軽作業類もしくは重作業類の片手袋ばかり。ただし、場内と場外で違いがあったんです。場内はプロの業者の出入りが多くて、場外は誰でも気軽に出入りできる。場内だとゴム手袋とか軍手ばかりで、場外には観光客が落としたような毛糸の片手袋が出てくる。あんな狭い範囲でも、場内と場外で発生する片手袋に違いが出てくるんです」

石井さんから「この片手袋、すごくレアなんですよ」と見せられた写真。なんてことない普通の軍手に見えるのだが、実はまちなかではほとんど見かけることのない〝介入型の軍手〟なのだとか。

このレアな介入型軍手、なぜか築地市場内ではよく見かけたそうだ。

「介入型は、普通は毛糸や革でできた手袋なんです。拾いたくなるやつ。落としたら悲しくなるくらいのもの。でも、築地市場内では介入型の軍手をよく見たんです。何を落としたら困るのかっていう価値

誰かに拾われ柵に引っ掛けられた軍手
（写真：石井公二）

観は、場所によって変わるんです。築地では大事なんですよ、軍手が。

自分にしっくりくる軍手ってあるんですよね。場内の人はそれが分かっている。だから、拾ってあげる。つまり、**場所による価値観の違いを、片手袋が象徴している**んです。

ただ、レアな手袋だから嬉しくて、ありきたりなゴム手袋に落胆するということはありません。片手袋博愛主義と言うか、片手袋に貴賤なしと言うか。**片手袋である以上、俺は愛する。**むしろ、そいつらがいるから、俺は1年中観察できてるんだから。そこに区別があってはいけない。博愛主義が大切なんです」

「レアもの」の存在に気づくこと

このように、重要文化財や寺社仏閣でなくても、まちでふと目に留まるものひとつとっても、ピントを合わせて事例を集め、比べてみると、意外な「レアもの」の存在が見えてくる。

もちろん、レアものでなくともそれぞれに味わい深さや魅力がある。しかし、一緒くたに見えていたものの中にも、メジャーなものやレアなものがある、ということに気づくだけでも、だいぶ視野が広がらないだろうか。

それが一見ありふれたものだったり、客観的なお墨付きがない場合、一旦なくなってしまうと二度と復活しないことも多々ある。

たとえば店先の看板でも、少し前の時代に看板職人が店に合わせて独自に作った看板は、書体も独自で他には代えがたい魅力がある。古い商店街には、そういった味わい深い看板がたくさん潜んでいる。しかしある人たちにとっては貴重なものでも、様々な事情や時代の流れで、後の時代にあっさりと建て替えられたり再開発されたりして、なくなってしまうこともあるだろう。

こういった例は、看板に限らず様々なものに当てはまる。「レアもの」に気づくと、それだけで、その場所に行く価値が出てくる。

TYPE2：まちのミステリーを推理する

まちを歩いていると、時々「どうして、こうなった？」「なぜここに、こんなものが？」とびっくりするような光景に出くわすことがある。

目に見える風景には多くのミステリーがある。その謎を読み解くと、背後には人の無意識の行動や手仕事、自然環境、まちの変遷など、様々な痕跡の存在が浮かび上がってくる。

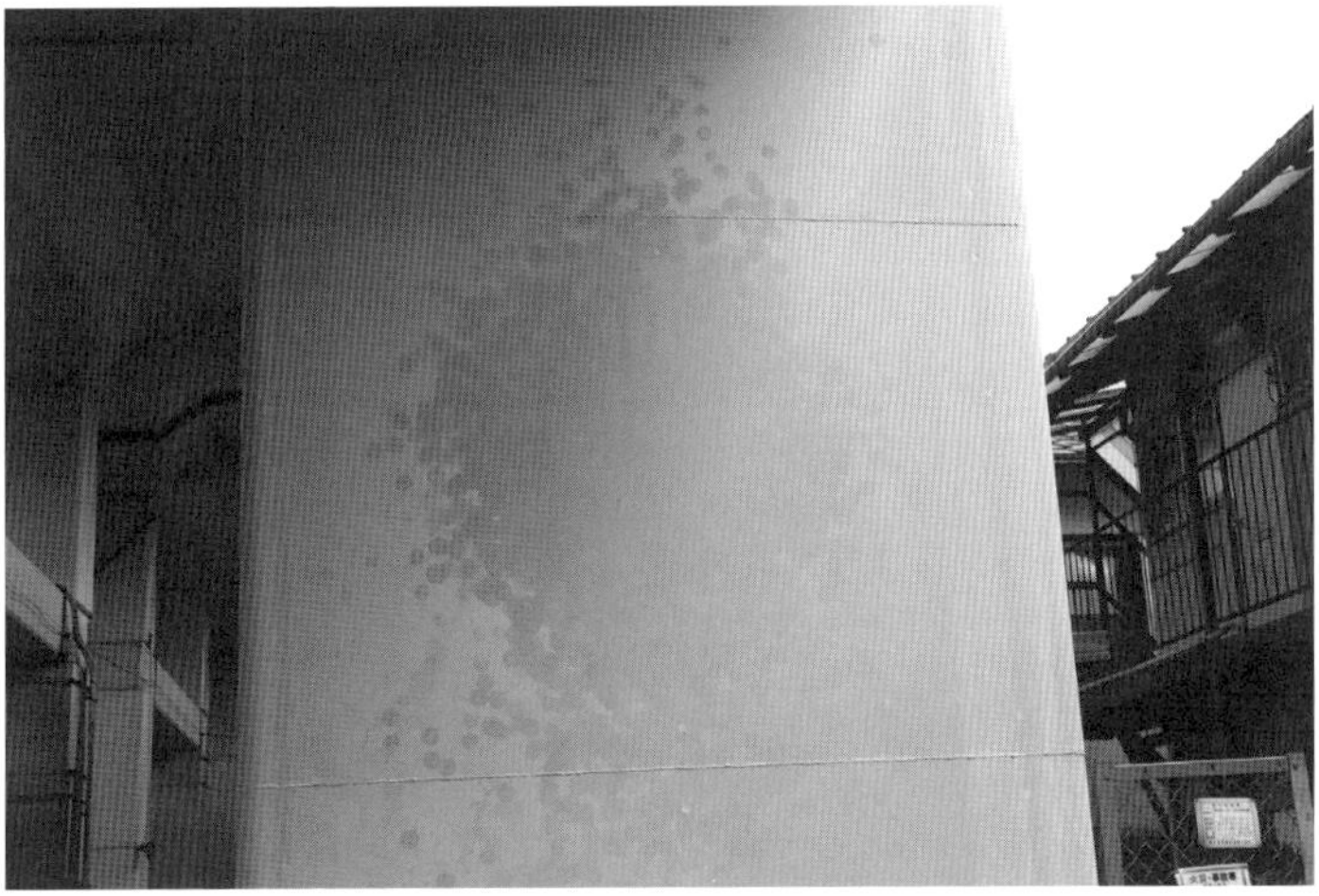

高架下の壁に無数についた"点描"（写真：村田あやこ）

ミステリーの犯人は誰だ!?

(1) 人が犯人

　以前まちを歩いていた時、電車の高架下の柱の一部が少し変色していた。変色した部分をよくよく見てみると、淡い色の点が無数に集合し点描のようになっていた。

　巨大なアート作品のようだが、偶然近所に住んでいた友人がいたので尋ねてみたところ、よくここでラクロスを練習している学生がいるそうだ。無数の点描は、柱に打ちつけたボールの跡だったのだ。

　別のとあるまちでは、トタンの壁に電力メーターが無数に並んでいた。大小様々なメーターの下からコードが2本生えており、水中を泳ぐクラゲのようでかわいい。これも一見びっくりする光景だが、この建物はアパートか何かで、メーターの数だけ部屋がある、ということなのだろう。

建物の壁面にずらりと並ぶ電力メーター（写真：村田あやこ）

このように、まちの不可思議な光景を生み出す犯人のひとつは、人間の行動だ。何気ない無意識の行動が積み重なったり、必要にかられて意図的に施した手作業が、結果的に謎めいた佇まいを生み出したりする。

謎は謎のままとして、「どうしてこうなったんだろうね」と想像を巡らすのも、それはそれで楽しいが、違和感を覚えた場所を記録し定点観測してみたり、詳しい人に訪ねてみたり、近くの住人に尋ねてみたりすることが、その謎を解き明かす手がかりとなる。

(2) 生き物や自然が犯人

まちの不可思議な光景の犯人は、人だけではない。一例を挙げると植物だ。

左頁の写真のように、まちでガードレールやフェンスを飲み込んでしまった木を見かけたことはない

ガードレールを飲み込んだクロマツ（写真：村田あやこ）

だろうか。人間に置き換えると、こんな硬い異物が体の中を貫通してしまったら間違いなく生きていられない。しかし人の都合や使い勝手が優先されがちなまちなかでは、木の生えたすぐそばに人工物が立ちはだかる、なんていうことも珍しくないだろう。

以前、樹木医の知人に写真を見せて尋ねてみたところ、木が成長する過程で幹がガードレールにぶつかりY字に分かれ、再び合体したので、ガードレールを挟み込むような形になったのでは、とのこと。

植物は人とは別のメカニズムで、まちの環境に対応しているのだ。

このように、人間以外の生き物のそれぞれの生存戦略の結果、びっくりする見た目につながることもある。

(3) 人と自然の共犯

謎めいた風景の背景をたどると、まちの歴史や地

かつての橋の名前が記された石碑（写真：村田あやこ）

形といった、人と自然両方の事情が見えてくる場合もある。

たとえば、東京のとあるまちで、道ばたに突然「橋」と書かれた石碑が立っていた。周りを見渡しても普通の道で、川らしきものはないのになぜ？

実はここはかつて川だった場所。都市化に伴い川に蓋がされ「暗渠」となった。古い地図と照らし合わせてみると、ここにはかつて川が流れていたことが分かる。橋の石碑は、当時の名残である。

東京のように見渡すとビルや住宅ばかりであっても、大元をたどれば地形や川、海といった自然条件が根底にある。都市化に伴い、安全性や利便性を高めるなど様々な理由で、そういった自然条件をコントロールしたり調整したりしながら、その場所を人の暮らしに適応させていく。しかし、暗渠上に川の名前の残った石碑があったり、川筋の名残を残し蛇行した道になっているなど、大元の自然の情報は、実はあちこちに表出している。

地図や古い文献などを紐解くことで、それが見えてきたりする。

以下では、「なんだこれ」と驚く場所＝珍スポットを愛でているマニアの視点をご紹介する。

珍スポットマニア・松澤茂信――「なんだこれ？」はミステリーゾーンの入口

▼マニア名鑑149頁

2011年から運営されているウェブメディア
「東京別視点ガイド」(http://www.another-tokyo.com/)

松澤茂信さんは「東京別視点ガイド」というウェブメディアを運営しながら、日本全国1000ヶ所以上、さらにはアジアを中心に世界各地の変わった観光地や観光施設を訪れている「珍スポットマニア」だ。

「店構えや店名、メニューがなんか変。「何なんだろう、このお店」「そもそもお店なのかどうかすら分からない」という場所って、皆さんの地元にも1軒や2軒あると思うんです。やっぱり怖いので「なんだろう」と疑問には思っていても、実際に入っていく人は滅多にいない。でも自分は「いろんな謎を解き明かしていきたい」「新しいことを体験してみたい」という思いが強くて、行ってみようということになる。好奇心が勝つんですよね。「なんだろう」と思う場所は、**日常生活の隣にある、ミステリーゾーンの入口**だと思います」（松澤茂信さん、以下同）

もともと趣味で大喜利をやっていた松澤さん。珍スポットは、大喜利でよくあるお題「こんな○○は嫌だ」に対する回答かのような場所が盛りだくさんだという。

「たとえば「気の力で味を変えるたこ焼き屋さん」という場所があります。店主がパワーを込めるとたこ焼きの味が本当に変わるんです。「あっさり」「こってり」はもちろん「木村拓哉味」なんていうのもある。まさに大喜利の回答みたいなお店だなあと思いました。入らないとどんなお店なのかはミステリーのままだけど、１回入って体験すれば「ああ、こういうことだったんだ」って分かる。**一歩踏み込むことで変わる**んですよね」

印象的だったという珍スポット、東京・竹ノ塚にある「あさくら画廊」についても聞いてみた。

「元は住宅地にある、普通の一軒家なのですが、外壁や玄関先に置いてあるものが全部ピンク色に塗られていて、そこだけかなり独特な雰囲気になっている場所です。入場料は１０００円で、中に入るとアーティストの店主が作った作品が見られます。一見近づきたくない雰囲気だと思いますが、入ってみると、店主が人生をかけて作り続けている作品がたくさん飾ってある。聞くとその家は、店主のおばあちゃんの家だそう。おばあちゃんが亡くなった後に引き継いで、自分の画廊にしたというんです。ドラえもんみたいに、タンスの狭いところに布団を敷いて、そこで寝泊まりをしながら、ひたすら絵を描いている。話してみると、すごく気さくな方ですし「ああ、こういう人生が詰まっていたから、この外観になっていたのか」と合点がいくんですよね。

「なんだこれ？」の裏側には、たいていの場合きちんと理由がある。そこに、それぞれの生活やそれぞれの葛藤、**人間ドラマが潜んでいる**んです。それを知ると「俺もやっていくぞ」と、力をもらえるような気がして。ただただ**不思議で怖かった場所が、勇気が湧く場所に変わる**。それがとてもおもしろいですね」

ピンク色で埋め尽くされた
「あさくら画廊」の外観（写真：松澤茂信）

「なんだこれ？」の理由が分かって勇気をもらえる場所がある反面、ずっとミステリーの謎が解けない場所もあるそう。

「昔住んでいた家の近くの、ひと気のない場所に、ある日青い靴が、左右揃って置いてあったんです。「左右揃って落ちているなんて珍しいな」と思って写真に撮りました。その日の夜、

なぜ左右揃っているのか、持ち主はどうやって帰ったのか、誰に回収されたのか。謎は深まるばかり（写真：松澤茂信）

同じ場所を通ったのですが、すでに靴はなくて「ゴミとして回収されたのかなあ」とぼんやり思っていました。

それから3日後。なんと同じ場所に、今度は革靴が左右揃って置かれていたんです。「住民同士が靴をここでトレードしている？」「履かなくなった靴は、ここに置いて帰る習慣がある？」など、必死に想像しても答えは分からず。「なんだこれ？」と思って追いかけても、必ずしも原因や犯人が分かるわけじゃないんですよね。それがまた「日常に潜むミステリー」のおもしろいところです」

最後に「なんだこれ？」を楽しむコツを聞いてみた。

「「なんだこれ？」と思うようなお店は、店主の熱量が高いことが多いので、**なるべく元気なときに行く**ことをお勧めします。あとは、悪目立ちしないこと。そこには元々の常連さんがいたり、店主の強いこだわりがある。そこでしか体験できないルールの中に入って、ルール通りに動いてみるというのも大切なポイントですね。「なんだこれ？」と思う感覚を大切にして、体調が良ければ、入ったり関わってみたりする。そうすることで、よりおもしろいものに出会えるんじゃないかなと思います」

日常に潜むミステリー

ミステリー小説のように大事件ではなくても、何の変哲もないと思い込んでいた場所にも謎めいたものが数多く潜んでいる。持ち主に聞いたり、異なる知識や経験を持ち合わせた人同士で歩いたりすることで、その謎の秘密にたどり着けることがある。

しかし、謎は謎のままとして残し、「どうしてこうなったんだろうね」などと、自由に推理や妄想を繰り広げるのも楽しい。

「なんで？」「どうして？」という好奇心と嗅覚が、日常風景に不思議を呼び込み、よりおもしろくする。

TYPE３：まちの歴史に注目する

まちには、その場所ならではの風土があり、それを反映した暮らしや文化が連綿と重ねられている。風土を反映した文化や、その土地で何かを成し遂げた偉人や有名人は、公式の歴史として残りやすい。それと同時に、そのまちに生きる一人一人、営まれる店一軒一軒それぞれに、歩んできた歴史がある。

たとえば２０２２年12月時点での東京都の人口は約１４００万人。東京都だけに限っても１４００万人分の人生があり、1400万人分の1の視点で見た東京があるということだ。

少し視点をずらし、まちに生きる人に思いを馳せてみると、公式ガイドブックには載らない、知られざる歴史や物語が浮かび上がってくる。

記録された歴史・知られざる歴史

（1）有名な歴史を掘り下げる

まちの歴史に注目する第一歩は、文献やインターネット、地図などで記録が残っているような歴史を探ることだろう。

たとえば今住んでいるまちの地名をたどると「川」「島」「沼」など、その地名の由来となったかつての地形やまちの歴史が見えてくる場合がある。また、昔の地図と照らし合わせてみると、よく通る道が昔は川だったり、家々が密集する住宅地が昔は海だったことが分かったりする。「気になったものはすぐにスマホを取り出して、ググってみる」だけで、意外な歴史が見えてくる。

（2）知られざる歴史に着目する

①誰かの人生を掘り下げる

一方で、記録に残りづらい歴史も存在する。

たとえば家の外に一歩出て、ぐるりとあたりを見渡してみる。住宅やアパート、マンションなどが目に入るかもしれない。当たり前だがその一軒一軒、一部屋一部屋に、住む人の人生があり、そこに住むに至った理由がある。

通勤時に電車に乗る。ラッシュ時だと満員電車かもしれない。電車で居合わせた人とは知り合いでもない限り話すことはそうそうないが、ぎゅうぎゅうの満員電車に乗る一人一人に趣味や好きなこと、それまで歩んできた道のりがあり、その電車に乗る何らかの理由がある。

歴史というと寺社仏閣や偉人ゆかりの場所が注目されがちだが、まちに生きる人それぞれに歴史があるし、1軒の店には店主個人やお客さんとの歴史がある。

まちで営み、暮らす1人の人生を掘り下げてみるだけで、まちの違った一面が見えてくるかもしれない。

②ものの背後の歴史を想像する

生きて目の前で動いている人だけでなく、道に落ちたり、置き忘れて放置されたりしたものの背後にも、小さな物語が潜んでいる。

TYPE1で登場した「片手袋」も、それをうっかり落としてしまった人や、「誰かが探しているかもな」と、拾って目立つ場所に置いた人など、1枚の片手袋を巡る無数の物語が存在する。

ベンチに放置された缶ビールの空き缶は、「大きな仕事が終わった」と祝杯を上げた人のものかもしれないし、舞台でむちゃくちゃにすべった芸人がやけ酒で飲んだものかもしれない。

道ばたに放置された空き缶や片方だけの手袋、1本のタバコ……ただのゴミに見えるものにも、ちょっと想像を巡らせてみると、その場を確かに通り過ぎた人の気配が感じられる。

③同じ場所の違う歴史

特定の場所には、無数の人の記憶や思い出が蓄積されている。友だちとケンカした公園は、誰かにとっては恋人にフラれた場所かもしれないし、誰かにとっては家族で花見をした思い出の場所かもしれない。また他の誰かにとってはいつも寝泊まりするなじみの定宿かもしれない。

同じ場所であっても、人によって抱く印象は全く異なるだろう。

(3) もうひとつの世界の歴史を知る

まちの歴史。それは実在する世界の歴史だけとは限らない。たとえばアニメや映画などの舞台となった場所は、架空の登場人物たちの物語が集積した場所だ。

アニメ版『スラムダンク』のオープニングに登場する江ノ電の「鎌倉高校前駅」の踏切には、国内外からスラムダンクファンが訪れる。

台湾の九份《きゅうふん》も、ジブリ映画『千と千尋の神隠し』の舞台として人気の観光地だ。

アニメやドラマ、映画の舞台となった場所を「聖地巡礼」するのは、架空の誰かの記憶や思い出を疑似体験する行為とも言えるだろう。

以下では、鉄道遺産群を巡り歩くイベントを通し「おじいちゃんの歴史」を語り継ぐマニアの活動をご紹介する。

峠の鉄道の歴史マニア・上原将太——時代を超えて祖父の想いを伝える

▼マニア名鑑128頁

上原将太さんは、1997年に廃線となった群馬県横川駅〜長野県軽井沢駅間の鉄道遺産群を巡り歩くイベント「廃線ウォーク」を主催している「峠の鉄道の歴史マニア」だ。一般社団法人安中市観光機構の職員として「廃線ウォーク」の企画や運営を担当している。

「大学卒業後、東京の印刷会社で働いていましたが、何か挑戦をしたいなと思って、地元の安中に帰ることにしました。そこで知り合いづてに「廃線を歩く企画があって人を募集しようと思っている」と聞いて、安中市観光機構に入ることに。もともと廃線や鉄道には全然詳しくなかったのですが、鉄道の写真を撮るのは好きで「昔の電車ってかっこいいな」という思いはあったので、鉄道が好きな方の気持ちはよく分かりました。イベント開始から4年ほど経った今でも、参加者の方にいろいろと教えてもらっています」（上原将太さん、以下同）

2018年から定期的に開催されている「廃線ウォーク」の様子（写真提供：上原将太）

上原さんが安中市観光機構に入った頃「廃線ウォーク」をやることだけは決まっていたそう。

「10㎞ある碓氷《うすい》峠の廃線区間で何かできないか、という話はそれまでに何度も出ていました。何をやるかは決まってないけど、まずは使えるように整備しようということで、草刈りからスタートすることに。そのあとは「**とりあえず、草刈り終わったから歩いてみるべ！**」というノリで、観光協会のメンバーや、市議会議員さん、学生さんたちと歩いてみました。実際に歩いてみると、けっこう遠くて、本当に軽井沢に着くのかすごく不安で。その不安を払拭できるような案内の仕方じゃないと、参加者の方からお金をとってもいいコンテンツとはいえないな、と思ったんです。ただ歩くだけではもったいないし、どういうサービスをしなきゃいけないのか、そこから考えていきました」

かつて駅があった「熊ノ平」という場所（写真提供：上原将太）

そんな状況から始まった廃線ウォーク。人気イベントに成長した背景には、上原さんが語り継ぐ「おじいちゃんの歴史」があった。

「最初は「ただ歩く」というところから始まり、だんだんと僕のおじいちゃんや、地元の方、参加者の方から聞いたエピソードを、歩きながら話すようになっていきました。今では6時間の開催時間中、ほとんど喋りっぱなしですね。あるとき観光案内所に国鉄のOBの方が来て、昔の話をしてくれたことがあったんですけど、それがとてもおもしろかったんです。僕のおじいちゃんも国鉄のOBだということは知っていたので、家に帰って詳しく聞いてみたら「俺はあの区間を運転してたんだ」「碓氷峠のアプト式機関車ED42型の機関士だった」っていうんですよ。運転してたなんて、それまで全然知らなくて。

上原さんとおじいちゃん（写真提供：上原将太）

でもその話をきっかけに、どういう気持ちで運転してたとか、仕事にまつわるエピソードをたくさん聞くことができました。地元に帰って、今の仕事をしていなかったら、**おじいちゃんのそんな歴史は知らないままだった**と思います」

当時のことを知る人たちが高齢化していく中、上原さんは今できることを模索している。

「今のうちに、**いろんな話を聞いて、残していきたい**と思っています。近所に住んでいる94歳のおじいちゃんは昔、仕事終わりに国鉄職員が家を建てたエリアを通りかかると、みんなに「一杯やんべよ」って声をかけられて、まっすぐ帰れなかったというんですよ。そういったエピソードを伝えていって、当時の雰囲気を感じてもらいたい。「また行ってみようかな」と思うくらい、愛着を持ってくれたら嬉しいですね」

イベントにはどんな人が参加するのだろうか。

「鉄道が好きな人が多くて、すでに30回以上参加しているリピーターの方もいます。僕の解説が足りていないと「ちょっと良いですか！」って、参加者の方が手を挙げて補足してくれたことも。**地元の人にとっては、碓氷峠は当たり前**すぎて、なんでイベントにお客さんが来るのか分からない。でも、鉄道好きにとっては思い入れのある場所なんですよね。イベント初期に参加された方は、線路に落ちているオレンジジュースの缶を珍しがってくれて。製造年月日を見ると、当時電車の窓から投げ捨てられたものだと分かりました。線路脇には、数十年前にそうやって捨てられた缶がいくつも落ちていたんです。「あ、**当時のゴミもおもしろいんだ**」って教えられましたね。もしもきれいに整備していたら、気付けなかったことですから。時代を感じるゴミは処分せずに残し、草刈りも必要最低限に留めて、雰囲気をなるべく残せるように整備しています」

柔軟に取り入れているという、参加者の声についても聞いてみた。

「リピーターの方からの提案でコースを増やしたり、イベント中、使われなくなった信号機を動かして見せているのも参加者の方がきっかけでした。お仕事でも鉄道の整備をされている方で「信号機を直しませんか?」と提案してくれたんです。足りないものを私物の信号機コレクションから提供してくださったりもしたのですが「お金はいらない」と。せめてものお礼に、交通費と作業中の食事代だけはお渡ししましたが、本当に好きでやってくださいましたね。

こちら側の**経験や知識が充分でない状態からスタートした**イベントだからこそ、鉄道に詳しい参加者の方々にはたくさん助けてもらいました。SNSで「廃線ウォークは鉄道オタクに優しいイベントだ」と書かれているのを見つけたときは、すごく嬉しかったですね。参加者の方が持っている**知識やノウハウを実践できる余地があった**ところが良かったのかもしれません」

目の前の場所の、知らない姿

今いる場所は、風土と、そこで暮らしてきた人たちの足跡の積み重ねとで作り上げられている。かつての出来事の痕跡が何かの拍子でポコっと残っていることもあれば、人の語りを通して思いがけずアクセスできる場合もある。

今目の前にある風景の別の姿が立ち上がり、風景が拡張されること。それが、歴史を知ることの醍醐味のひとつだ。

TYPE4：DIY的な営みを見つける

隅々まで既製品や人工物であふれ、一見すると人間味のないように思えるまちだが、思いがけない場所に人の手仕事が潜んでいる。

カニが入っていた発泡スチロールを植木鉢にしてみたり、表札がかまぼこ板に手書きだったり……。DIY＝Do-It-Yourself（自分でやってみる）という視点でまちを見てみると、細かな〝DIY的な営み〟が、意外とあちこちにあふれかえっていることに気づく。

「DIY」が発生する時

（1）一時的な不具合の修繕

まず、DIYはどういうシーンで発生するのだろうか。

一番身近なのは、ひび割れや段差といったちょっとした不便・不具合を修繕したい場合だ。わざわざ専門業者に依頼したり既製品を購入すると高くついてしまうし、時間もかかる。

家の外壁をガムテープで補修している例
（写真：木村りべか）

おちょこで鉢植えの土台の段差を解消
（写真：村田あやこ）

そんな時、手近な材料でなんとかしてしまおうという試行錯誤から、多種多様な手仕事が発生する。

別の用途で使われていたものを一時的に転用するといったケースから、大規模なものだと、家の窓や壁などのひび割れた部分が、ガムテープで補修されていることもある。

段ボール箱を閉じたり、紙などを一時的に貼り付けたりと、主に何かを一時的に仮止めする目的で使用されるガムテープが、家のような大きなものの補修に利用される。その意外性や無理やり感が味わい深い。

(2) 既製品ではまかないきれない部分を補足

住宅だけでなく、公共の場所でもＤＩＹが発生することがある。

たとえば駅の構内には時おり、駅係員や工事関係者が独自に作成した案内表示が掲示されている。複雑な構造をしていたり、乗り換えで迷いがちな駅、駅構内が工事中などの場合、オフィシャルな案内表示だけではまかないきれず、駅係員への問い合わせが増えてしまう。そこで、特に質問が多い内容については、独自の張り紙で対処する。

パソコンに搭載されたフォントを使って作成したものもあれば、ガム

様々なデザインでしつこいほどに示される
「きっぷうりば」の案内表示（写真：ちかく）

鳥が巣を作るように、様々な道具が寄せ集められた園芸スペース（写真：木村りべか）

テープを切り貼りして書体を作成したもの、掲示されたオフィシャルなサインを写真に撮って印刷したものまで、デザインのバリエーションは様々。時には、手作りの案内表示がオフィシャルな案内表示へと「出世」する場合もあるとか。

公共空間に人間臭さがはみ出しているような風景が味わい深い。

（3）生活を楽しくするための工夫

必要にかられ発生するＤＩＹだけでなく、生活空間を彩るために施されるＤＩＹもある。そのひとつが、園芸だ。

まちなかでの園芸はスペースも限られ、多くの場合は室外機の上や縁石、玄関先といった住居周辺の空間をうまく活用して行われる。自宅周辺を植物で賑やかにしたい、あるいはご近所さんの目を楽しませたい。個人の思いが出発点となるまちなかの園芸では、鉢植えの種類や置き方を通して育て主の暮らしの様子が垣間見えることがある。

個人のこだわりや趣味趣向がいかんなく発揮されたＤＩＹにも、唯一無二の味わいがある。

以上、ＤＩＹ的な営みが発生する３つのシーンを解説した。

では、まちなかにまぎれこんでいる「ＤＩＹ的な営み」を愛でているマニアたちをご紹介したい。

野良サインマニア・ちかく——力作にあふれる個性と気づかい

▼マニア名鑑144頁

ちかくさんは、駅係員や工事関係者が独自に作成し駅の構内に貼った案内表示を「野良サイン」と呼んで観察を続けている。

「当初は駅にあるオフィシャルなサインシステムのデザインが好きで、実際に現地で案内表示に注目してみたり、図書館でサインの計画に関する資料を眺めたりもしていたんですが、見ていくうちにだんだんと、その周辺にある貼り紙が見えてくるようになりました。当初は「なんでこんなの貼っちゃうんだろう」って思っていたんです。でも、そういった貼り紙は**誰も記録していないものなので、撮り集める価値がある**かもしれないと思い、「野良サイン」と名付けて記録するようになりました」（ちかくさん、以下同）

やたらと派手に飾られた手作りの案内表示
（写真：ちかく）

「野良サイン」は、人が好き勝手に作っちゃう、制御できない生き生きした感じが伝わる言葉だ。当初はオフィシャルなサインに惹かれていたちかくさんが、なぜ野良サインを「いいな」と思うようになったのだろうか。

「視覚的にパワフルなものや、とにかく大きいもの、ガムテープで一生懸命作ったものなど、**力作をいろいろと見ていくうちに、かっこいいなと**ポジティブに捉えられるようになってきました。

初期に衝撃を受けたのは、巣鴨駅で見た野良サインです。巣鴨は「高齢者が多そう」という漠然としたイメージがありました。視覚的に訴求力のある野良サインが見られるのではないか……という期待から訪れてみたところ、予想通り大きく印字された「この先入口」「出口専用」などのサインをたくさん見ることができたんです。予想とは違って色が抑えめだったのは意外でした」

様々な駅を見比べていると、特に野良サインが発生しやすい駅は見えてくるのだろうか。

「複雑な構造をしていたり乗り換えが難しい駅、乗り換え専用改札などは、オフィシャルな案内表示ではまかないきれず野良サインが多くなりがちです。駅員への問い合わせ回数を減らすために貼り紙で対処していく、ということなんだと思います。

地方のローカル線など、迷いようがない場所だと野良サインはほとんどないですが、周辺にイベント会場があったり、人々が集まりやすい施設があると、それにフォーカスした案内が出ている場合はありますね」

A4のコピー用紙を組み合わせた野良サイン
（写真：ちかく）

妙に立体的だと思ったら、写真に収めた路線図をそのまま貼っている（写真：ちかく）

時には野良サインがオフィシャルのサインに変化することもあるという。

「パワーポイントで作られたであろう図が、いつの間にかそっくりなオフィシャルのサインに置き換わっていたことがありました。「**出世してよかったね**」みたいな気持ちになりました」

はじめての人が野良サインを楽しむコツを聞いてみた。

「野良サインには、担当者の個性がダイレクトに出るので、**駅ごとの特色も見どころ**です。身近な駅をくまなく見て定点観測すると、駅の人のセンスや、「もしかして担当者が変わった？」みたいな経年変化に気づくようになります。

その第一歩として、**地味なものでも写真に撮ってみる**というのは大事かもしれません」

蜘蛛の巣のように張った紐で植木鉢を支える（写真：木村りべか）

まちのチャーミングマニア・木村りべか
——無意識のこだわりを愛でる

▼マニア名鑑136頁

アーティストの木村りべかさんは、2008年から住宅地などの植木鉢を写真に撮り続けている。

「地元のミニシアターに映画を見に行った帰り、裏道に胡蝶蘭などの立派な植木鉢が4、5鉢置かれていたんです。植物は枯れ始めていましたが、きれいな色の布やリボンで飾られていて、植物が元気なころの華やかでいい思い出がじんわり伝わってきました。それ以来、まちにある植木鉢に気づくようになりました」（木村りべかさん、以下同）

観察を始めると、容器の種類や鉢の置き方といった様子の違いから、育て主の職業や生活、性格まで想像できるようになってきたという。最初から完成形を計画しているのではなく、暮らしの中で少しずつカスタマイズされていくからこそ、育て主の癖が無意識に漏れ出てしまう。

「家の人が生活を良くしたいと思うポジティブな気持ちと、その人のセンスが気軽に見れちゃうのがおもしろいですよね。鑑賞目的だから美しくしたいという思いがあるけど、植物だから手に負えず人が振り回されてしまう部分もあって。

植物と長いスパンで付き合っている間になんとなく鉢が重ねられたり、紐が増えていったり、かわいい動物の置物がいっぱいになったり……。そうやって**何年も時間が重ねられたものを路上でパッと見られる**のがおもしろさのひとつですね。

一朝一夕では得られないスキルが重なった絵画を、美術館で見られるのと近い気がします」

「植木鉢がありそうだな」と嗅覚が働くのは、どんなまちなのだろうか。

「家がたくさんあって、小さい道がたくさんあるまちだと、出会いやすいような気がします。地図で見ると、グネグネした小道が多く、入り組んでいそうなまち。

実際に歩くときは、「ありそう」という自分のカンも働かせつつ、**時間の許す限りとにかく小道に入っていっています**」

ちなみに木村さんがこれまで訪れた中で、植木鉢目線で良かったのは東京都江戸川区平井だという。

「手のかけ方、植物の元気さ、オリジナリティなど、全て良かったです。

特に好きだったのは、「袋の家」って呼んでいるおうち。冬になると「防寒対策」って書いたビニール袋が植物にかかっていて、春になって袋を取ると、中からきれいな花がたくさん現れるんです。支柱の使い方や鉢の配置も、独特の工夫があって良かったです」

植木鉢観察時のマイルールは「触らない」ことに加え、「気になった植木鉢があったら近所も見てみる」という2つだそう。

「いい植木鉢があると「私もやってみようかな」って、**隣近所で似たようなテンションの植木鉢が増えていく**確率が高いと思っています」

意外にも、育て主に話は聞かないそう。

「植木鉢を見て「この家の人はこういう人なのかな」と勝手に想像するのが好きなので、**謎のままにし**

ておきたいです。

過去には話を積極的に聞いたり、植物を分けてもらいにいったこともありますが、私が惹かれるのは、あくまで見た目のおもしろさ、見たことない風景を写真に切り取ることだと思っているので、分からない状態も大事にしたいと思っています」

確かに、育て主自身も把握していなさそうな、無意識のこだわりが出ちゃっているところがおもしろさのひとつだろう。

はじめての人が植木鉢を観察するコツを聞いてみた。

「小物と置き方で、**生活を想像してみましょう**。小物は、「紐」「棒」「台」「鉢」に注目してみるとおもしろいです。

倒されたくないという気持ちに従って蜘蛛の巣みたいに紐が張られていたり、植物を自分の思う方向に育てたいと思って鉄の棒を木につけて連結させていたり。台は、植木鉢を置く基礎としてしっかりしていなければならないので、DIYスキルの見どころがありますね。鉢は、既製品ではなくカップラーメンの容器やゴミ箱とか、身近な日用品から選抜して代用しているものに見どころがありますね。植物に優しい人は穴を開けたりして。そのへんの小物使いが人によって様々なんです。

あとは、配置。水平にたくさん並べて増やしていくおうちと、垂直に吊るしたり重ねたりしていくお

鉄の棒で無理やり木の幹を固定（写真：木村りべか）

羽釜が鉢に転用されている（写真：木村りべか）

うちと。置き方にもテクニックがあるのもポイントですね。几帳面な並べ方やランダムな並べ方で、**人柄が出ます**」

DIYはいとおしい

あらためてまちを見てみると、至るところに様々な形で人の手仕事が介在していることに気づく。既製品に頼らず積極的に行われたDIYもあれば、わざわざ既製品を買うのが面倒でなんとなく行われるDIYもあるだろう。DIY的な営みは、人の営みにおけるパッチみたいな存在。人間が生活をするうえでの優しさや怠惰さ、苦労や哀愁が滲み出てしまう。また、人の創造性を垣間見る瞬間でもある。

まちなかにまぎれこんでいる「DIY的な営み」に着目することで、無機質だと思っていたまちに人間味やおかしみが滲み出て見えてくる。

方法② 自分の感覚で楽しむ

地域の魅力を発掘し、楽しむヒントとなる「別視点」の見つけ方。

2つ目は、自分の感覚で楽しむという方法だ。

事例を収集し客観的な情報から識別・分類したり、掘り下げたりするという「方法① そのもの自体を深掘りする」よりも、さらに五感をフル活用して自分なりの感覚で対象物を味わう、という方法だ。

建物の外壁や電線、誰かの家の軒先のゴムホース。まちの様々なものは、ほとんどの場合何かしらの目的があって置かれている。

しかし、役割や名称、歴史や種類など、そのもの自体にまつわる情報を一旦横に置いて、宇宙人のような気持ちで眺めてみると、今までの印象とは違って見えてくることがある。

育ちすぎた植物がオバケに見えたり、無造作に置かれたゴムホースが描く線描や、古いビルの外壁がアート作品のようだったり。

自分の率直な感覚で見ることで、そのもの自体のモノとしての姿を見る、ということに少し近づく。

あるいは、時間帯や季節によって印象が変わる場合もある。たとえばよく通る道に生えた木が、夜に通りがかってみるとオバケのように見えるかもしれない。

普段は静かな道路が週末には歩行者天国になったり、神社でお祭りが開催されたりと、使い方が変わることで、違った魅力や味わいが引き出されることもある。

また、同じものを目にしても、人によって抱くイメージや感想は異なる。何人かで一緒にまちを歩き、まち全体をアート作品のように鑑賞し、それぞれが直感的に心に響いたものを発表し合っても楽しいだろう。

客観的情報と併せて、あるいは情報の部分をあえて置いておき、フラットに、旅人の目、宇宙人のような目で形や佇まいそのものを丸ごと味わってみると、今までのイメージとは一味違った新鮮な表情が浮かび上がってくる。

以下では、具体的に2つのTYPEに分けてご紹介していく。

TYPE5：まちの中の美を愛でる

壁や床が偶然生み出す配色や、ゴムホースが描く線描、建物が経年変化で生み出す絶妙な風合い。切り取り方や視点の当て方を少し変えると、何気なく通り過ぎていたものの中にハッと心動かされるものが潜んでいるのに気づくことがある。

雨や風といった自然条件、様々な事情による建物の建て替えなどにより、まちの風景は常に新陳代謝を続けている。だからこそまちは、美術館やギャラリーとは一味違い、偶然が生み出した、今ここでしか見られない「作品」であふれている。

一般的に「美しいもの」「きれいなもの」といったお墨付きを与えられたものばかりではないからこそ、自らの視点で見どころを切り取ったり、魅力を言語化していくといった、ゼロから価値観を作り上げていく楽しさがある。

ここでは、まちの風景から自分だけの「美」を発見し、愛でる方法をお伝えする。

自分ならではの「美」を探そう

(1)「色」を採集してみる

自分だけの「美」を見つける第一歩として、固定観念を取り払うことが大事だ。

たとえば手始めに、今周りにあるものの「色」に注目してみよう。「色」目線で見てみると、どんな色彩が目に入ってくるだろうか。工業製品のビビッドな色もあれば、ペンキで塗られた壁が徐々に劣化して生み出す、渋い色合いもあるだろう。

まちの色が味わい深いのは、キャンバスや画用紙の上に塗った絵の具のように平面上ではなく、様々な形や素材の物体上に乗っかっている、という点だ。

並んだ洗剤のボトルがカラフル（写真：村田あやこ）

様々な色の組み合わせ
（写真：村田あやこ）

まちで発見した色を赤や黄、青、緑など
色ごとに並べてみた例（写真：村田あやこ）

たとえば「青」や「黄」、「赤」など、あえて特定の色だけに着目して見比べてみると、その下の素材によって、同じ色でも違った印象がある。

探し慣れてきたら、近づいたり遠ざかったりして、自分だけのお気に入りの色の組み合わせを探してみるのもおすすめだ。同じ色も、見る角度や時間、物の配置によって印象が変化する。その時しか出会えない一期一会の構図だ。

(2)「形」に着目する

「色」ときたら、次は「形」。丸、三角、四角といった「形」目線で、まちを見てみよう。

見慣れたまちの風景から「形」を抽出してみるとまた、まちの違った一面を切り取ることができる。整列したり不規則に並んだり、1つだけ置かれたり。配置の仕方で印象も変わる。

人工物の形には均等さや統一感があるが、そこに植物などの有機物が混ざると、形にアクセントが生まれる。

目の前の立体物ではなく、地面や壁に映った影にも、おもし

「三角」（写真：村田あやこ）

工事現場の囲いに、影絵のように映る、植物やフェンス（写真：村田あやこ）

カクカクした形の塀と、植物の有機的な形との組み合わせ（写真：村田あやこ）

ろい形が潜んでいるかもしれない。

(3) かっこいい「線」を見つける

電気と切っても切り離せない現代の暮らし。まちには電話やインターネットをはじめ、様々な「線」が通っている。

その筆頭が電線である。生活に欠かせないインフラでありながら、その姿をまじまじと眺めたことがある人は、あまりいないかもしれない。しかしよく見てみると、生き物のようななめかしさや、背後の建物と電線とが作り出す構成美など、様々な美しさを秘めている。

まちなかで身近に見かけるもうひとつの線が、ゴムホースだ。こちらは電線とは異なり、使用するごとに形が変化する。バサッと引っ掛けられていたり、几帳面に巻かれていたりと、使い手の性格やこだわりが見えてくるようなところも楽しい。

ツタなどつる性の植物が、建物外壁に線描を描き出していることもある。ゴムホースは人が使うごとに形が変わるが、植物の線描は季節によって色彩や形が変化する。

自在な線描のような電線（写真：石山蓮華）

真下から見上げた鉄塔の骨組みが描き出す結界
（写真：加賀谷奏子）

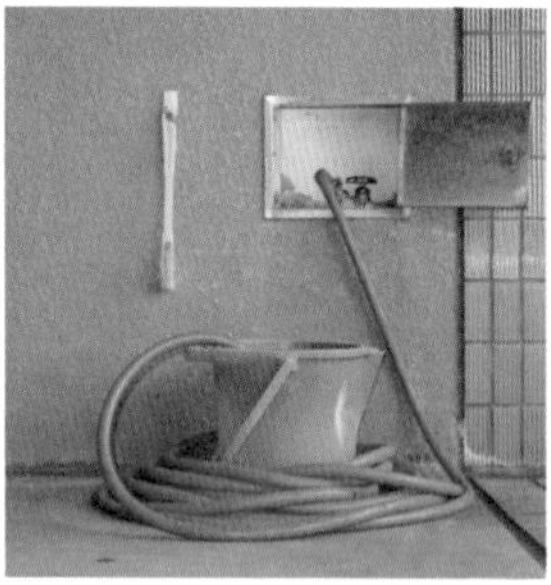

ゴムホースが描くドローイング
（写真：中島由佳）

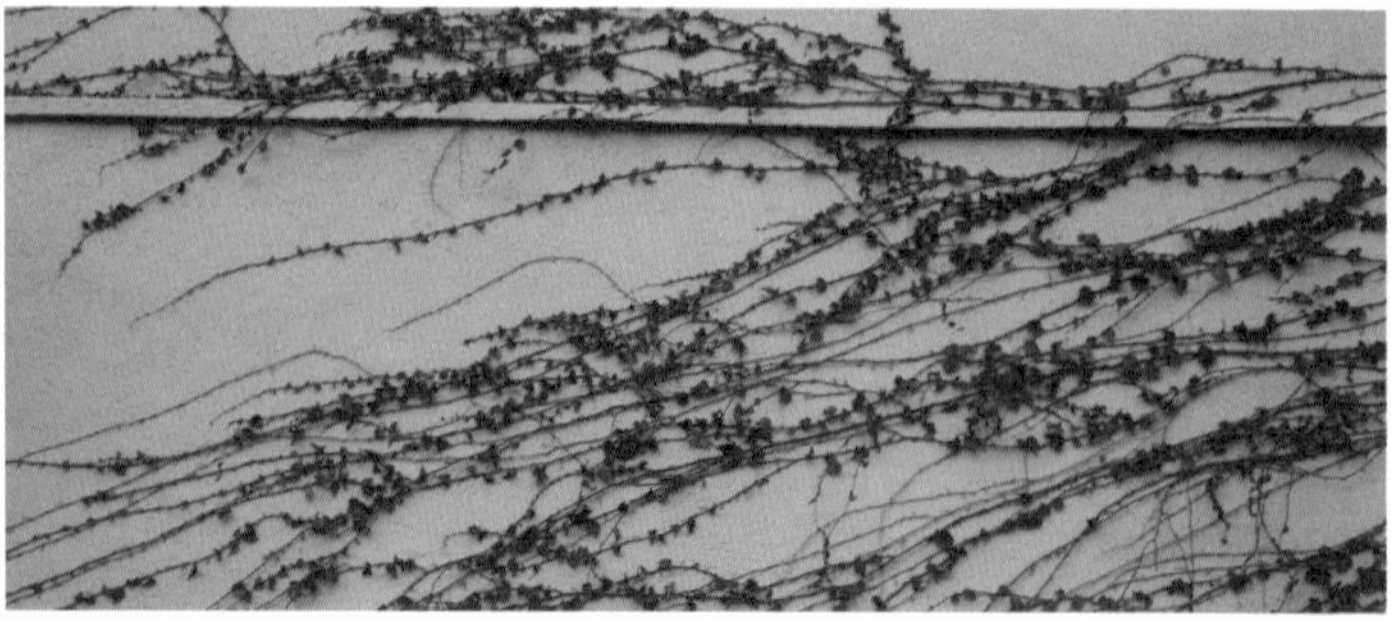

ツタが壁面に描く模様（写真：村田あやこ）

水面のようにきらきら光るガラスブロック
（写真：ガラスブロックマニアック）

工場裏のメカメカしい配管
（写真：村田あやこ）

路地裏の電線や軒先のゴムホース、壁のツタのようにランダムな曲線も良いが、ビルの壁の線や、鉄塔の鉄骨のまっすぐした幾何学的な線も気持ち良い。

（4）グッとくる「素材」を愛でる

まちを構成するものには、様々な素材が使われている。金属やガラス、石、木など、グッとくる「素材」があれば、同じ素材が使われたものに目を向けてみる、という楽しみ方もある。

新しい建物の近未来的な雰囲気も良いが、古いマンホールの鉄蓋や石の階段が経年変化によって徐々にまとう、骨董品のような風合いもまた魅力だ。

光による変化を楽しめる素材のひとつがガラスブロックだ。規則的に配置されながらも、時間帯や光の様子といった条件や、周りの建物との兼ね合いで、その瞬間にしかない表情を味わうことができる。

鉄や石、ガラスなど特定の素材を追っていくのも楽しいが、マンホール蓋から生える植物など、全く性格の異なる素材が同

パッチワークのような素材の組み合わせ。時間を経て生まれた色合いが美しい（写真：シガキヤスヒト）

マンホール蓋のすきまから植物が顔を出す（写真：村田あやこ）

居する風景もまた魅力だ。

（5）心に響いた構図を切り取ってみる

以上のように、例として「色」「形」「線」「素材」といった要素でまちを切り取ってみた。これらの要素を総合して味わえる対象のひとつが、壁や建物だろう。

色の組み合わせの可愛らしさや、経年による風合いの変化、ツルツル・ざらざら・凸凹といった質感の違い。

壁の上を走る管や絡みついたツタなど、偶然が創り出すデザインも見どころだ。

以下では、まちの美を独自の感性で愛でるマニアたちをご紹介したい。

個人商店の広告看板が所狭しと貼られたバス停の待合所。バスが通勤通学、買い物の足として使われていた頃、スーパーやショッピングセンターもなかった時代を証言している（写真：遠藤宏）

小屋マニア・遠藤宏
——働く小屋の、取り繕わない経年変化の美

▼マニア名鑑132頁

フォトグラファーの遠藤宏さんは、小屋の佇まいに魅せられ、各地の小屋を撮影して歩く「小屋愛好会」を主宰している。

「建物としての形状は自由で融通無碍でありながら、ものを保管収納するという役割をしっかりと果たして日々働いているところに惹かれます。

格好つけやおしゃれとは一切無縁ですが、取り繕わない美しさがあります。用の美、民芸の美ともつながると思っています。

経年変化による味わい深さは、**歳を重ねて一層輝きを増す俳優のよう**です」（遠藤宏さん、以下同）

住宅街の真ん中にバイパスが開通したことで人目に触れるようになった
植木鉢用の棚小屋。駐車場の余剰スペースに建てられている。
植木を直射日光から守るためのすだれがあり、所有者の植木への気遣いが伝わってくる。
裏側はひさし付きの自転車置き場になっていて、1つの小屋で2つの役をこなしている。

暗渠上の遊歩道。
以前は右側へと
続いていたが、
バイパスで
寸断された。
開通した
バイパスと
歩行者専用道路。
バイパス整備で出現した中途半端な残余地。

住宅地の真ん中に新しくバイパスが通ったことで、
人の目に触れるようになった植木鉢用の棚小屋（写真・図：遠藤宏）

遠藤さん曰く、その小屋がどのような経緯をたどってきたかという歴史を想像するのも、楽しみのひとつだという。

「意識していないので見えないだけで、**小屋は案外どこにでも建っています。**

まちの中で小屋との遭遇率が高いのは、畑や田んぼなどが残っているエリア、一昔前には田んぼや畑があったんだろうなと思える住宅街、そして路地裏や旧街道沿いなどです。

そうかと思えば小屋は都市部のビルの屋上に物置として建っていたり、釣り船を係留するため河川の水上に浮かんでいたりと、地上以外の場所に建っていることもあります。こちらが思いもよらなかった**意外な場所で出会えることも楽しみのひとつ**です」

観察の際のポイントを聞いてみた。

「なぜそこに建っていて、何に使われているのか**想像してみる**こと。そして、ディテールを**観察すること**。塗られているペンキの色や経年変化による傷み具合、廃材の柱や扉などで構成されているガタピシ感、屋根が吹き飛ばされないように重しとして置かれている廃タイヤなど……。所有者らしき人がいたら声をかけ、何が入っているのかなど**話を聞いてみる**のもおもしろいと思います。バス停の待合所内部に貼られた個人商店の広告看板や神社の祭事案内を眺めるのも楽しいです。

気になる小屋に出会ったら、私は近づいたり遠目に眺めたりして、ロケーションも含めて撮影しています。ただし個人の所有物の場合は、敷地内に立ち入らない、触らないようにしましょう」

電線マニア・石山蓮華——見えるインフラ・電線の魅力を言葉と写真で伝える

▼マニア名鑑124頁

家を一歩出て上空を見上げれば、どんなまちにでもすぐそばにある電線。

石山蓮華さんは、長年電線に全力で愛を注いでいる「電線愛好家」だ。

「子どもの頃から散歩しながら路地や建物を見るのが好きで、ある時電線に目が留まりました。夜はまちの明かりを支える電線が、昼間に見てみると**生き物の血管や神経のような形**だなって。

電気はガスや水道とともに、生活に欠かせない3大インフラの1つです。ガスや水道の場合は実際に使うまでの軌跡はなかなか目で見えませんが、電気の場合は「電線」というモノとして見られるのもお

もしろいと思っています」（石山蓮華さん、以下同）

同じ「線」でも、植物や蛇、ミミズなど、生きているものもあるが、石山さんが惹かれるのはあくまで、無生物の電線だ。

「虫や植物は私が働きかけなくても自ら動いていますが、私はマイペースなので、電線のように自分から能動的に鑑賞しないといけないものの方が、**想像の余地があってより好き**ですね。

電線は生き物と違って自我やバイオリズムがないし、アイドルみたいに解散もない。自分のタイミングで思いを好きなだけ語れますし、相手にも迷惑がかからないところも、楽しむ理由のひとつです。

電線は、悪いやつにも、いいやつにも**平等に電気を届ける超博愛主義者**。そこがかっこいいと思うと同時に、切なさも感じていて。こんなに一生懸命働いてくれているのに、景観の中ではあまり好かれないじゃないですか。こうやって**1人くらい、電線を褒め称える人がいてもいい**と思っています」

電線の姿かたちは多様だ。今にも動き出しそうにうねっているものや、スーッとまっすぐなものもある。そのため、その時々で心に引っ掛かる線を見つける楽しさもある。

「電線をしっかり鑑賞し始めた当初は、うねりのある生き物っぽい線を撮っていました。最近は、背後

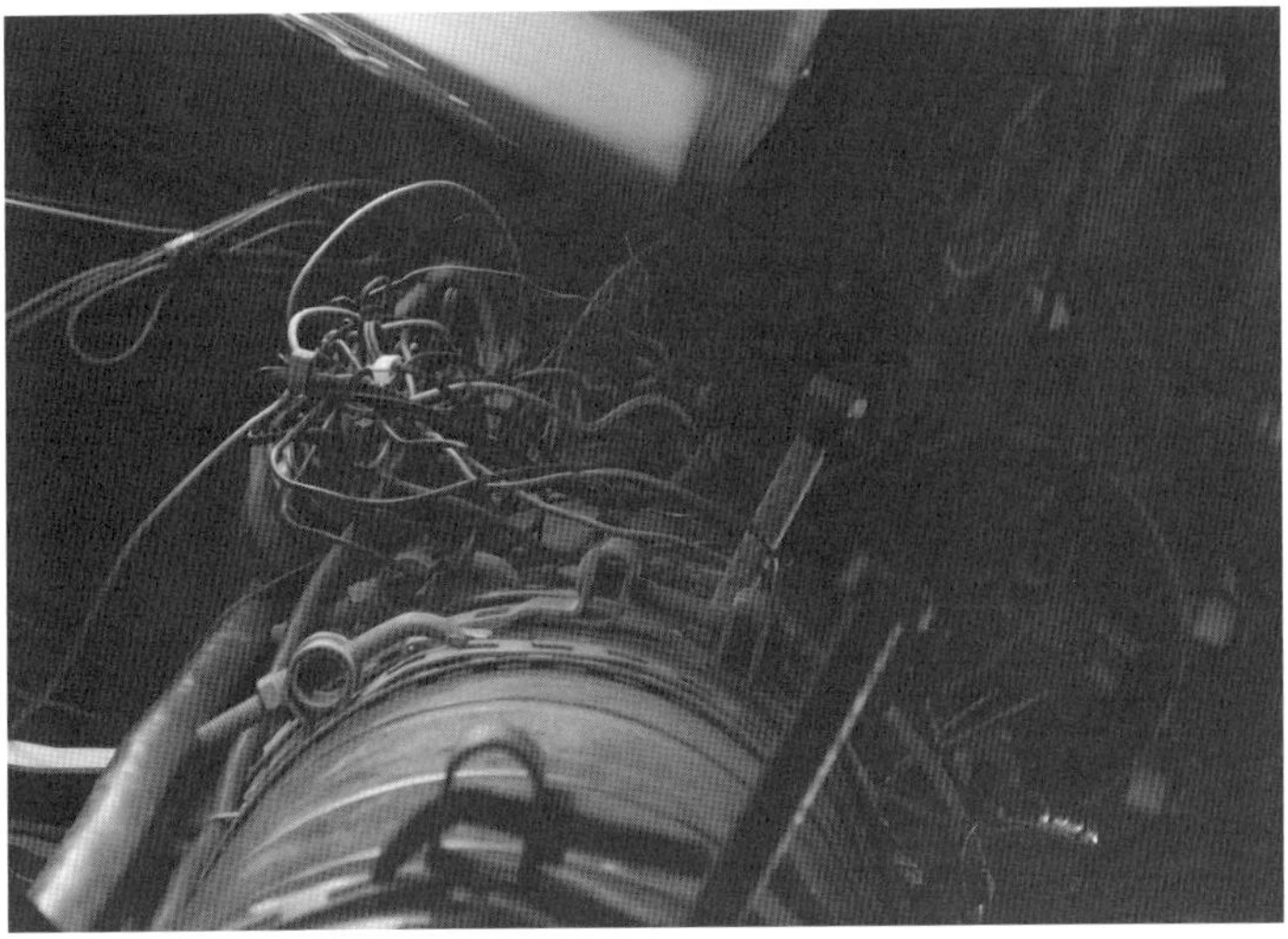

暗闇に浮かび上がる電線（写真：石山蓮華）

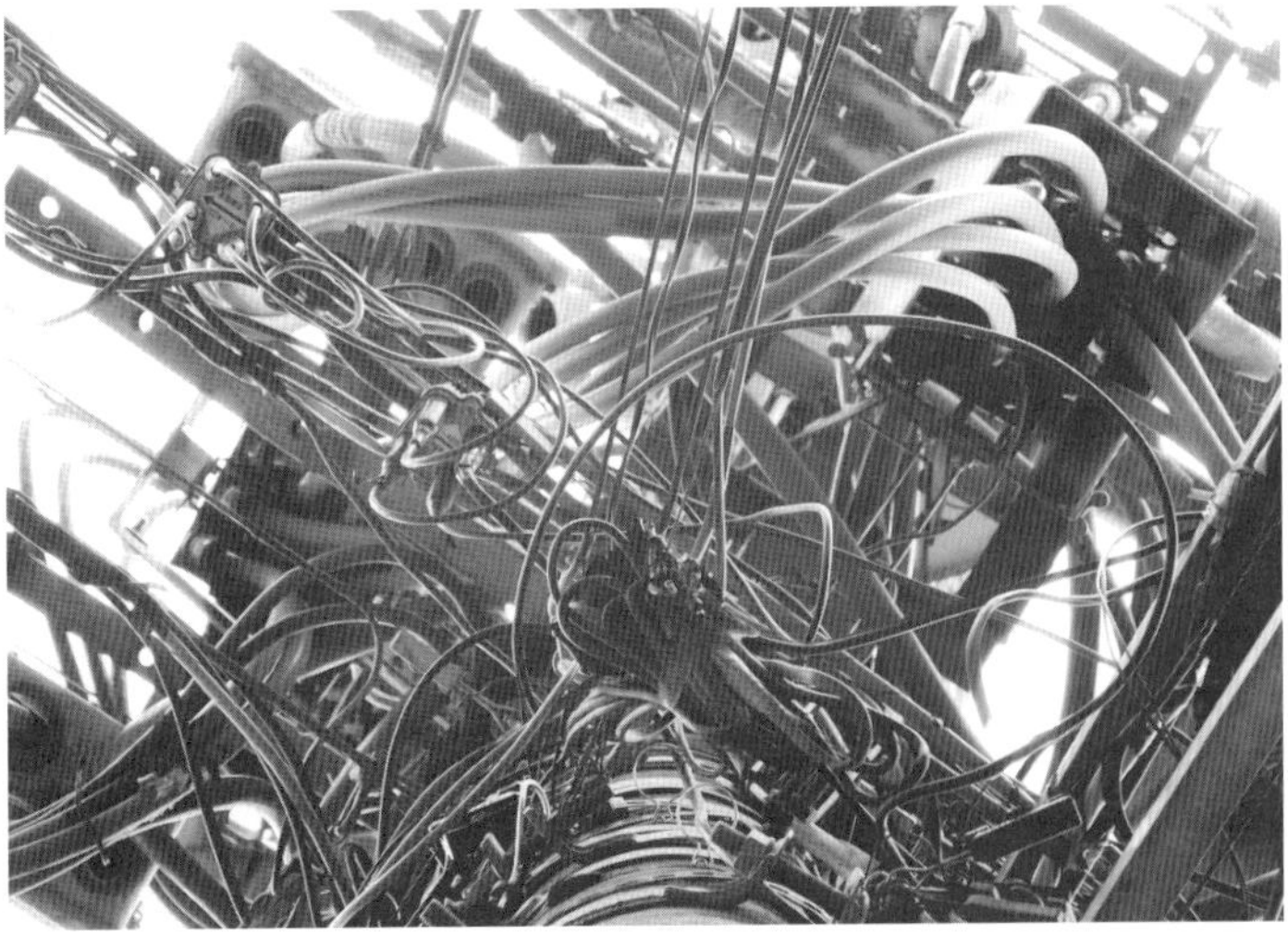

生き物のようにうねる電線（写真：石山蓮華）

よく見てみると、複雑な線が
絡み合っていることに気づく（写真：石山蓮華）

建物と電線とが気持ち良い
リズムを生み出す（写真：石山蓮華）

の景色と電線の線がすっきり気持ちのいいリズムを描いているものに、より目が行くようになっています。電線というひとつの対象でも、自分の経験や発見の積み重ねで、ビンゴカードを少しずつ開けていくように、**様々な角度から魅力を味わっています**。

何か引っ掛かればとりあえず撮って、どこがこの線の一番の魅力かを後から探ります。ぐっとくる1枚が撮れたら、別の場所に行ったり、同じ場所に別の日に来たりして、また違った表情を楽しんでいます」

石山さんは、「電線」というひとつの対象を表現する言葉も美しく多様だ。

「もともと電線のビジュアルに惹かれたので、最初は写真に撮っていました。ただ、表に出る仕事をしていることもあり、写真を人に見せた時に「電線のどこがいいの?」と聞かれる機会が多かったんです。そのため、**より多くの人に伝わるよう言語化**を試みるようになりました。

大きなきっかけは、同人誌『電線礼讃』の制作です。言葉とビジュアルを使って納得できるクオリティで電線の魅力を伝えられるよう、試行錯誤を重ねました。そうすると、たとえば「私は電線の曲線が好きなんだ」と分かってきて、写真を撮るときにも曲線にフォーカスできるようになって。

そうやって**発見と実験を繰り返しながらアウトプット**を続けてきました。自分がなぜ良いと思ったかを、よりしっくりくる嘘のない言葉で表現したいと思っています」

伝えたい相手からのフィードバックを受けながら、ありきたりではない石山さん自身の言葉が綴られていくのだ。

最後に、これから「電線」を鑑賞してみたいという人に向けて、楽しみ方のコツを聞いてみた。

「たとえば植物好きだったら、植物と電線とを両方観察できるポイントを探すといったふうに、**すでに好きなものを手がかりにする**のもおすすめです。気になる電線があったら1枚写真に残しておくと、後日別の電線を見つけた時、並べて楽しむことができます。

電線は、距離を置いた状態から見る場合が多いと思うんですが、真下から見上げるのもおすすめです。真下から電線のぐしゃぐしゃっとなった部分を見ると、驚きや発見があります。すっとした線がお好きな方は、電線と建物が交わる接点を探し、歩きながらその接点のズレを楽しんでいただきたいです」

まちに「美」はあふれている

身近なまちにありふれたものであっても、「ああ、よく見るアレだな」という固定観念を取り払って、少し立ち止まって眺めてみると、実は心に響く要素が潜んでいる。

「なんか気になる」「なんかいいな」と思ったら、まずは手持ちの携帯電話のカメラなどで記録してみる。何枚か写真が溜まったら、心に引っ掛かったポイントを言語化したり、どういう経緯でその状態に至ったのかを分析してみると、自分なりの美しさの視点が見えてくるかもしれない。

そうやって身近なものから何かを感じ取り引き出すアンテナの感度を高めたら、目の前の景色が一気に彩り豊かになる。

TYPE6：まちの変化を楽しむ

まちは常に変化し続けている。人が引っ越してきたり、出ていったり、新しい建物が建ったり、古い建物が壊されたり。住人や店舗、企業などは新陳代謝を繰り返しており、同じ場所であっても、ひとつとして同じ状態はない。

また1日の中でも時間帯によって、同じ場所を違った人たちが利用し、同じ場所でも違った印象になり、1年の中でも季節によって、同じものが少しずつ変化してゆく。

まちには様々なスケール・時間軸で日々変化しているものがある。

時間帯や使われ方が変わることで、ひとつのものがひと味違った印象をもたらす。

変化を生み出すものたち

(1) 時間帯による変化

夜に外を出歩いていると、見知ったはずの近所の庭木がお化けのように見えて怖かった、みたいな体験をしたことはないだろうか。

朝は通勤通学の人たちがせわしなく行き交う駅前が、昼間訪れてみると、散歩する人や買い物する人でのどかな雰囲気だったり、夜になると、仕事帰りの人たちで駅前の飲み屋が賑わっていたり。

同じ場所であっても、そこにいる時間が朝なのか、昼間なのか、夜なのかによって、受ける印象は少し異なる。仕事や読書、映画鑑賞、散歩……昼間にやっていることを早朝や深夜など、時間帯を変えてやってみると、やっている内容は同じであっても、新鮮に体験できるだろう。

たとえば見知っているまちでも、あえて早朝や深夜といった時間に出歩いてみると、「あれ、この店こんなに朝早くからやってるんだな」「朝の空気が気持ちいいな」「こんな人たちが出歩いているのか」

など、違った発見があるかもしれない。

（2）定点観測で感じる変化

同じものであっても、定点観測していくと、季節の巡りや時の流れで状態が変化する場合がある。分かりやすいのは植物だ。同じ路地であっても季節によって植物が芽吹いては伸び、やがて枯れる。壁を這うツタは、夏は壁面を濃い緑色に包み込んでいくが、冬は葉が落ちランダムな線描のようになる。意識しない行動の積み重ねでも、ものの状態は変化する。たとえば室外機や送水口の上には、鉢植えや身の回りの道具、空き缶などのゴミが載せられがち。上に載せられたものの変化を定点観測で見守ると「今日は働かされてるな」「今日は賑やかな雰囲気だな」「今日は寂しげだな」などと、室外機側に愛着が湧いてくるかもしれない。

誰かの手元から落ちた落とし物も、風で飛ばされたり、拾われたり、また風で飛ばされたり、やがてボロボロになって捨てられたりと、悲喜こもごもの変遷を遂げる。取るに足らないものであっても、定点観測をすることで、そのものの周囲で行き交う人の痕跡が垣間見える。

（3）役割の変化

同じ場所でも、季節ごとの行事で役割が変化する場合もある。

たとえば神社の参道は、普段は巨樹が覆う厳かな雰囲気でも、成人式やお祭りといったイベントの際は、両脇に色とりどりの屋台がずらりと並び、とたんに華やぐ。

歩行者天国のように、曜日や時間帯を決めて使い方を変えている場所もある。銀座や新宿などの繁華街でも、平日は車が忙しなく行き交っている大通りが休日に歩行者天国になり、親子連れや買い物客、観光客などで賑わう。普段は自由に行き来できない広々した車道が歩行者に開放されると、まち自体の雰囲気もどこか開放感があり、ゆったりとした雰囲気に変化する。

また店先の狸の置物が、ハロウィンの時期にはオバケになったり、クリスマスになるとサンタの格好をさせられたりと、季節のイベントに応じて半ば無理やり衣装替えさせられることもある。

役者が作品ごとの役割でがらっとイメージを変えたり、劇場が舞台セットで全く違った空間になるようなことが、まちの中でも日々起こっている。

以下では、まちの変化を楽しんでいるマニアの視点をご紹介したい。

歩行者天国マニア・内海皓平――「ホコ天」から人の生活を見つめる

▼マニア名鑑129頁

内海皓平さんは、大学・大学院で建築を学び、「歩行者天国を中心とする公共空間の活用」を研究していた「歩行者天国マニア」だ。誰しも一度は通っているであろう「歩行者天国」。しかし誰がどうやっ

東京都大田区の遊戯道路（写真：内海皓平）

て運用しているかといった実態は、なかなか知られていない。内海さんは、そんな知っているようで知らない歩行者天国に注目し、そこから人々の暮らしを垣間見ている。

「もともとお祭りのように、**ちょっとルールが変わると、場所の使い方が変わる**現象に興味を持っていました。歩行者天国も同じで、看板を置いたら車が入ってこなくなり、広場みたいになる。本当は車が通る場所なのに、全然違う使い方があるというところが、特におもしろいと感じています」（内海皓平さん、以下同）

そもそも歩行者天国とは、道路のひとつの状態。車が通れる道を通行止めにして、人が車道を歩けるようになっている状態を、歩行者天国と呼んでいるそう。大学のフィールドワークで東京・根津の藍染

水遊びをする子どもたち（写真：内海皓平）

大通りに通っていたことがきっかけで、歩行者天国に興味を持った内海さん。藍染大通りとは、どんな場所なのだろうか。

「藍染大通りは、本当にいろんな使われ方をしている場所です。毎週日曜日に5時間、車が通行止めになるのですが、これはもともと子どもの遊び場確保を目的に始まった「遊戯道路」と呼ばれる歩行者天国です。普段から子どもが追いかけっこや水遊び、自転車の練習などをしています。それ以外にも、防災訓練や映画の上映会、マルシェイベント、毎年のお祭りまで、大小様々なイベントを頻繁にやっています。町会以外の団体が関わるイベントだと、あたかも「**道を貸す**」ようなこともあるんです。そうすると道が、まちに住んでいる人と、まちに興味がある人との接点になる。毎週歩行者天国になっていることで、道で何かやることに対して住民の方の心理的なハードルが下がっていて、人を招き入れる場所として機能しているんです」

「道を貸す」という、珍しいケースについて詳しく聞いてみた。

「厳密に言うと町会が貸している、というわけではないんですが、まちの外の人や団体を町会がサポートして、やってみたいことを実現する場になっています。たとえば**藍染大通りで、ストリートウエディング**が行われたことがありました。これから住人になる2人をまちに招き入れる場として、道が結婚式場になったんです。観客には住民の方のほか、通りがかりの方もいらっしゃいました。あとは、銭湯のペンキ絵師さんを呼んだライブペインティングがあったり。ここのまちの方は、「**うちの町会で自慢できるのはこの道だけだ**」って本気でおっしゃるんです。公園や銭湯のような交流できる施設がないんだけど、この道は他のまちにはない財産だと」

このように様々な利用の広がりがある歩行者天国だが、全国的に決まったルールや管理方法があるわけではなく、基本的には地元の人の采配に任されている。

「警察や役所の許可を得てやっているので、法的な裏付けはありますが、現場で車止めの看板を出すのは、ほとんどの場合地元の人です。数十人で当番を回しているところもあれば、ずっと1人でやってい

バリエーション豊かな看板（写真：内海皓平）

るという方もいます。すごくローカルな活動なので、やっている当事者は他の歩行者天国のことはほとんど知らずにやっていることも多いです。それで場所によって管理方法や使い方が全然違って、多様性が生まれているんじゃないかと感じています。観察していておもしろいのは看板ですね。自治体や警察署ごとに違ったり、その場所ごとの手作りだったり。**よく見ると個性があります。**

　でも、運営をしている人たちがその看板を「もう出さなくていいや」となったら、歩行者天国は簡単になくなってしまいます」

内海さんの歩行者天国の味わい方

は、路上観察の視点にもかなり影響を受けているという。

「看板とか、使ってる道具とかは、おもしろくてよく見ちゃいますね。ただ、僕が一番興味を持ってるのは、モノ自体や痕跡というより、それによって区切られる空間全体とか、新しく生まれる人の動きみたいなものなんです。

歩行者天国って、看板を置いて区切っただけで、違うルールが生まれる。道路という同じ場所で、舗装も何も変わっていないのに、使い方だけが変わって、急に広場みたいになっちゃうわけです。その**コントラストがめちゃくちゃおもしろい**んです。その感覚はやっぱりその時その場所に身を置かないと分かりません」

歩行者天国の研究は、なかなか大変だと話す内海さん。

「歩行者天国が使われているところを見ようと思ったら、1週間に数時間しかないこともある交通規制の時間（標識に何時〜何時と書いてある間）に行かなきゃいけなくて。しかも、看板を出すかどうかは完全に住民の判断なので、その場所ごとのルールがあって、雨なら出さなかったり、規制の時間中ずっと出しているわけじゃなかったりするんですよ。詳しく知るためにインタビューをしようと思っても、特に住宅街だったりすると、誰がやっているか探すのが難しい。そのうえ急に「歩行者天国のこと知りたいんですけど……」と質問しても、「なんでそんなこと聞くの？」という方が多いです」

まちづくりの観点から見ると、歩行者天国はどんな存在なんだろう。

「こういう場所があればまちが賑わうはずだ！と思って計画してもその通りにならないということは、よくあることです。まちの人たちが自主的に運営して、自然と人が集まっている歩行者天国は、**作ろうと思って作れるものではない**ですね。学ぶべきことが多くあると思っています」

海外には歩行者天国はあるのだろうか。

「昔から似たような事例はありますが、最近は特に、まちなかが過ごしやすくなると地域にとっていろいろいいことがあるという認識が広まっていて、世界的に増えていると思います。有名なところだとニューヨークのタイムズスクエアが歩行者天国になり、交通事故が減ることはもちろん、訪問者が増えたり、お店の売り上げが増えたり、治安が良くなるなどの効果が出ているそうです。住宅地のコミュニティ活動や、健康や環境配慮のために歩行者天国が推進されている国や都市も増えています」

歩行者天国があることで、まちに活気が出て、経済や治安にまで影響するとは。内海さんが歩行者天国の研究をしていて一番楽しいところはどこか聞いてみた。

「歩行者天国に行って、誰かが道を使って何かをしていると嬉しい気持ちになります。子どもも大人も、地元の人も地域外の人も、それぞれ好きなことをしながら、時間を過ごすことができる。歩行者天国はそんな場所で、その中に身を置くのが好きです。自分もそのような暮らしの一部になるような場所を作っていけたらと思います」

時間や役割をずらすこと

一見すると何も代わり映えがしないように見えてしまう場所でも、実はひとつとして同じ状態はない。季節の巡りによって状態や役割が変化するものもあれば、自分が活動する時間帯を変えることで印象が変化するものもある。

また当たり前だが、同じ場所を歩いていても、人によって抱く印象は異なるし、目に留まるものも異なる。たとえば生物学者だとまちの植物や虫、建築家だと建物のデザインやつくりがよく目に入るだろう。

まち自体の変化も味わい深いが、複数の視点を交差させることでもまた、まちに対する印象は変化するのだ。

方法③　自分を関与させる

地域の魅力を発掘し、楽しむヒントとなる「別視点」の見つけ方。

3つ目は、対象物に自分を関与させる、という方法だ。

方法①、方法②でご紹介したのは、対象物へのアプローチの仕方に違いはあれど、大きく言えば、対象物を第三者的に観察・鑑賞するという方法だった。

方法③は、何かを味わうという点では共通しているが、目の前のものに我が身を重ねて物語を空想したり、実在する施設やサービスを利用したり、風景の一部になったりするといったふうに、自身の行動や体験を通して対象物と親しむ方法だ。

「外からの目」でまちを見ることで、住人では気づかなかった新鮮な魅力が浮かび上がってくることもあるだろう。しかし、実際にそこで営まれている生活や商売を体験することで、そのまちの人しか知らない穴場を知ることができたり、まちの人たちの人間関係が見えてきたりと、「内からの目」を取り入れることができる。

何気なく生えている巨木が、実は鉢植えから育ったものだったと分かったり、一見すると入りづらい飲食店が、実は地域に愛される名店だったり。何気ない風景や、謎めいて見えたものの背後にある、意外な人間ドラマやストーリーを知ると、そのまちに対する印象や体験自体も変わってくるだろう。

また方法①や方法②にも言えることだが、まちの対象物を、自分というフィルターを通して味わう場合、自分の趣味趣向やこれまでの人生経験が色濃く滲み出てくることもある。

たとえば、並んだペットボトルやパイロン、落とし物、空き缶など、まちなかにふとあるものを題材に、何か別のものに見立てたり、その背後に潜むストーリーを想像してみるとき。同じ対象物であっても、それぞれの人の気持ちや経験、立場によって出す回答は違うはずだ。

そうやって外からの視点と内からの視点、さらに自分自身の視点を掛け合わせることで、より様々な角度からまちの魅力が見えてくるだろう。

以下では、具体的に2つのTYPEに分けてご紹介したい。

TYPE7：物語を空想する

まちのものに自分を関与させる方法のひとつが、無機物を擬人化して共感したり、似ている別のものに見立てたり、背後の人の営みや人間ドラマの想像を膨らませてみたりと、目の前のものを題材に、物語や空想を広げる方法だ。

ゴーヤみたいなタイヤ（写真：村田あやこ）

並んで歌っているみたいな木（写真：村田あやこ）

「ハート型に見える洞窟」にカップルが集ったり、「人の顔に見えるシミがある事故物件」におびえたりするのも、ある意味、現実のものに空想が乗っかった状態と言えるだろう。

そうやって、空想からまちの景色を拡張させる方法をご紹介したい。

現実＋妄想で膨らませる

（1）基本編：あるものから想像する

①見立てる

空想でまちを楽しむ方法の手始めとしておすすめなのは、そこに「あるもの」の見方をちょっと変える、という方法だ。

「あれ？視線を感じるぞ」と思ったら車のヘッドライトだったり、家の窓だったりしたことはないだろうか。3つの点が顔に見えてしまう現象を「シミュラクラ現象」という。キョロキョロと見渡してみると、まちには意外に顔っぽく見えるものがたくさんある。「顔」を感じることで何かのキャラのようにも見え、無機物であってもなんだか親しみが湧いてくる。

笑った顔？怒った顔？見つけた「顔」の持ち主がどんなキャラクターなのか

自由に想像を膨らませてみるのも楽しい。

顔だけでなく、色や形などから自由に想像を膨らませ、何かに見立てるという方法もある。

白くて四角い→豆腐、など連想ゲームのようにイメージを広げてみると、見慣れたものが別のものに見えてくる。

②タイトルをつけてみる

これぞという見立てが見つかったら、タイトルをつけてみるのがおすすめだ。「オバケみたいな植物」「犬みたいな石」のように、見て感じたままをタイトルにしてもいいし、語呂や韻を踏んでリズム感良くするのもいい。

タイトルをつけるためには、特徴をよく観察し、それを言い表す的確で簡潔な言葉を探す必要がある。それによって、自分はどこをどうおもしろいと思ったのかが、より周囲に伝わりやすくなる。

③ストーリーを作ってみる

ガードレールに引っ掛けられている片方の手袋。グシャグシャに割れた眼鏡。1足だけ落ちた靴。まちなかには時折、「どうしてこうなったの?」と不思議な状態になってしまったものが存在する。路上の様々な痕跡には、そこにいたであろう人の気配が漂っている。

ここで何が起こったんだろう?目の前のものの背後で繰り広げられたであろう物語を想像してみるこ

（写真：中島由佳）

（写真：中島由佳）

とで、目に見える景色が拡張される。

（2）応用編：ないものを創造する

「あるもの」から想像を膨らませるのに飽き足らない人は、「ないもの」を創造してみるのもおすすめだ。「このまちにはこんな人が住んでいそう」と架空の人物を作り出し、その人の趣味や持ち物まで想像してみる。いろいろなまちを巡り歩き、まちごとの「あるある」の知識や感覚が蓄積されていくと、実在しないまちすら想像できるようになるかもしれない。

以下では、見立てや妄想でまちを楽しむ達人のマニアたちをご紹介したい。

ゴムホースマニア・中島由佳
——見立てて、まちと共感する

▼マニア名鑑145頁

中島由佳さんは、10年以上、ゴムホースを写真に撮り続けているゴ

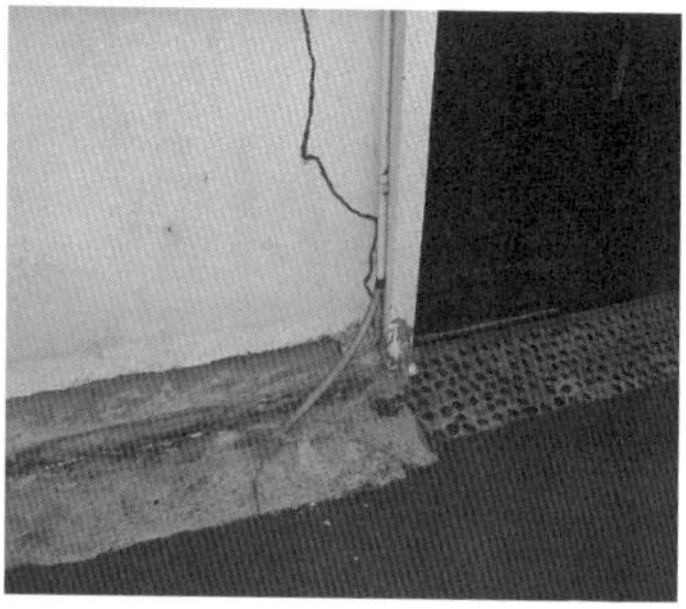

（写真：中島由佳）

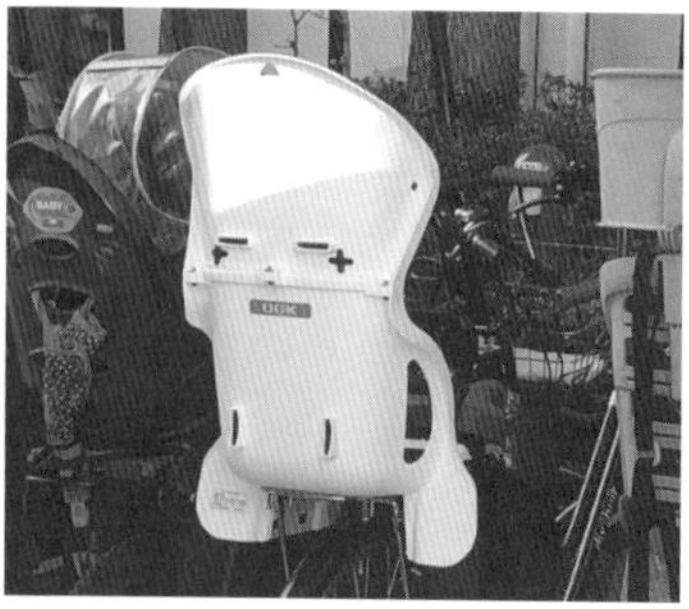

（写真：中島由佳）

ムホースの写真家だ。今まで撮影したゴムホースの写真は、なんと3000枚以上。

「庭先が好きでよく撮ってたんですが、あるとき写真のフォルダを見返してみたら、ホースの写真がやたらたくさんあったんです。それで気づいたんですね、「**あ、わたし、実はホースと相性がいいんだな**」って。ゴムホースが写真の主役になると気づいてからは、ゴムホースばかり撮っていました」（中島由佳さん、以下同）

中島さんが撮るゴムホースの写真を見ると、様々な佇まいのゴムホースが描き出す線が、ドローイングのように思えてくる。

ゴムホースの使い方には、持ち主のアイデアや創意工夫も垣間見えるという。

「たとえば写真（右上）の短いホースは、配管を地面につなげて、水を静かに落とすためのもの。水滴を飛び散らかさないためのアイデアと創意工夫がありますね。植物に水をやったり、車を洗うだけじゃなく

（写真：中島由佳）

（写真：中島由佳）

て、ホースにはいろんな使い方があるんです。2階にお風呂がある家で、ときおり排水溝代わりにホースを使っている場合もあるそうです。ホースには**人間の気配、生活の気配があって、そこもまたいい**んですよ。たとえばきれいに巻いたゴムホースから、持ち主の方の几帳面さが垣間見えることもあります」

中島さんは、ゴムホースだけでなく、まちの何気ないものを見つめ、自在に何かに見立てる視点がとてもユニークだ。

「写真(前頁左上)は自転車のチャイルドシートです。穴が目で、赤いシールが口、足を引っ掛けるところが手に見えます。毎朝この子と目が合うので、「行ってきます」と心の中で挨拶をしています」

「これは上に横たわっている洗剤が、ライブ会場で倒れちゃった人に見えました(右上)。人が多かったので、上を伝っていくしかなかったんでしょうね」

「石や空き缶など、「2つ以上、同じもの」があったとき、**擬人化して関係性を考えてしまう**こともあります。たとえば空き缶が2つある

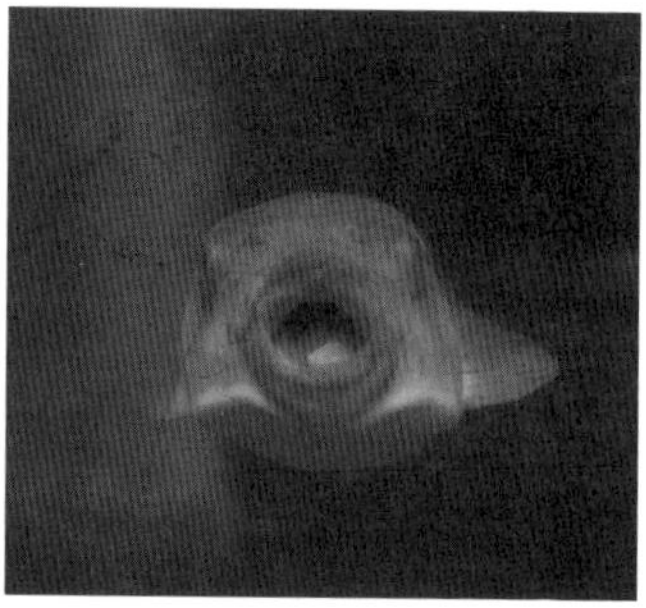

（写真：中島由佳）

けれど、1つは劣化していて、1つはとてもきれい。似ているけれどちょっと違うのはなんでだろう?と考えるところから、物語が生まれます。

たとえば写真（前頁左上）は、点字ブロックが1つだけ違う方向を向いています。周りの多くの人が有益なものだけを見ている中で、アウトローなものの見方をする自分は、この1つだけずれた点字ブロックと同じだな、と思いました」

学生時代には、フグ料理店の水槽で泳ぐフグたちに、我が身を重ねたこともあった。

「大学3年生の秋、吉祥寺のフグ料理屋さんでフグに出会ってビビっときて、1時間撮り続けていたことがあります。

せっかく大学に入れさせてもらったのに、なかなか就職活動がうまくいかなくて。大学で能力をつけたのに活躍できない自分自身と、水槽の中のフグが似てるって感じたんです。

フグって毒を抜かれて消費されてしまうのに、**とぼけた顔してフグ屋の水槽で、おいしいよおいしいよって自己PRしてる**じゃないですか。今から思えば、何も努力してないくせに、誰もわたしを理解してくれないって、就活中は気持ちが不安で。

そんなとき出会ったフグを見て「このフグは私だ！」と感情移入してしまったんです。撮影したフグの写真をまとめて、写真集も作りました」

中島さんの写真を見ていると、気づいていないだけで、見方を変えれば、日常風景にはおもしろいものが潜んでいるのかも、と思えてくる。

どのようにして視点を広げているのか、伺ってみた。

「最初は武者修行的に「今日1日、いつもと違う写真を死ぬほど撮る！」と決めて撮ってました。そうすると**「今の自分が目につくものの範囲って、これが限界なのか……」**と分かります。それをふまえて他の人の作品を見ると、こういう視点もあるんだって広がります。そういうインプットとアウトプットの連続です。

あとは、脳がリラックスしているときにもおもしろいものが見つかることがありますね。

月1回くらい、すごい勢いでカメラロールをスクロールして、撮った写真を見返しています。撮る時点では何がおもしろいか言語化できてなくても、とにかく気になったものを撮っているんですが、あと見返すと「ああ、あの時って仕事が大変で悩んでて、共感できたんだな」とか「意外と落ちてる果物、たくさん撮ってるな」といった発見があります。

ゴムホースに注目したりする一方で、プライベートの私自身としてはまだまだ固定観念に縛られていると思います。でも、撮った写真を見返して「これ、なんかに見えないかな」なんてやってると、退屈な時間もなくなりましたね」

落ちもんマニア・藤田泰実――道に落ちているものから見える、まちの人間ドラマ

▼マニア名鑑148頁

フリーランスのデザイナー・イラストレーターの藤田泰実さんは、路上に落ちている食べかけのホットドックから便座まで、心に引っ掛かった「落ちもん」を撮り続け、その背後の人間ドラマを妄想して物語にする「落ちもん写真収集家」だ。

たとえば電柱脇に転がったスプレー缶。「ゴミ」としてただ通り過ぎそうな光景だが、藤田さんの手にかかれば、こんな物語が生まれる。

「自己嫌悪の抜け殻」

あの子も来る会社の新年会。
気合を入れて持って来たヘリウムガスでモノマネしたら……。
母さん、都会の朝は、聞いてたよりも寒いです……。

「自己嫌悪の抜け殻」（写真：藤田泰実）

藤田さんの視点をインストールすれば、何気なく通り過ぎてしまいがちな風景に意外な人間味や美しさが浮かび上がってくる。

「昔から、その人やものが持つ「らしさ」に惹かれます。落ちもんに惹かれるのも、**そこに落とし主の人間味が見えてくる**から。

コロナ禍ではマスクが大量に落ちていたり、冬は風邪薬が多かったりと、落ちもんから時代や季節が見えることもあるんです」

発見した落とし物から、どうやって妄想を広げていくのだろうか。ポイントを聞いてみた。

「まずは男性？女性？など、主人公を設定して、その人物なら何をするかな？と想像します。その時の自分が一番感情移入できる人物にすると、妄想が膨らみやすいですね。ストーリーを作る際には、なるべく笑えて、ちょっと切ない内容を心掛けています。発見した場所の特徴から妄想が膨らむこともあります。たとえば新宿・歌舞伎町に、革靴と書類、その横に大量に名刺が落ちていたら、「普段真面目な人が飲みすぎた」といったストーリーが浮かんできますね。

作ったストーリーにBGMを当てて、**登場人物になりきって朗読する**こともあります。そうすることで、感情や空気感がさらに伝わる気がするんです」

藤田さん流のもうひとつの落ちもんの味わい方は、地面＝地と、落ちているもの＝図が織りなす偶然の構図を目で見て楽しむこと。

「**落ちもんとその周囲の風景が作り出す偶然の美しさ**を切り取ると、地球上で今そこにしかない色面構成を視覚的に楽しめます。

撮影時は、「**絶対に落ちもんに触らない**」というマイルールで、真上もしくは真横から撮っています。余計な演出を加えないことで、人によって自由に解釈できる余白が残ると思うんです。

色面構成の美しさを伝えるため、写真から要素を取り出しイラストで表現する、という試みもしています」

（写真：藤田泰実）

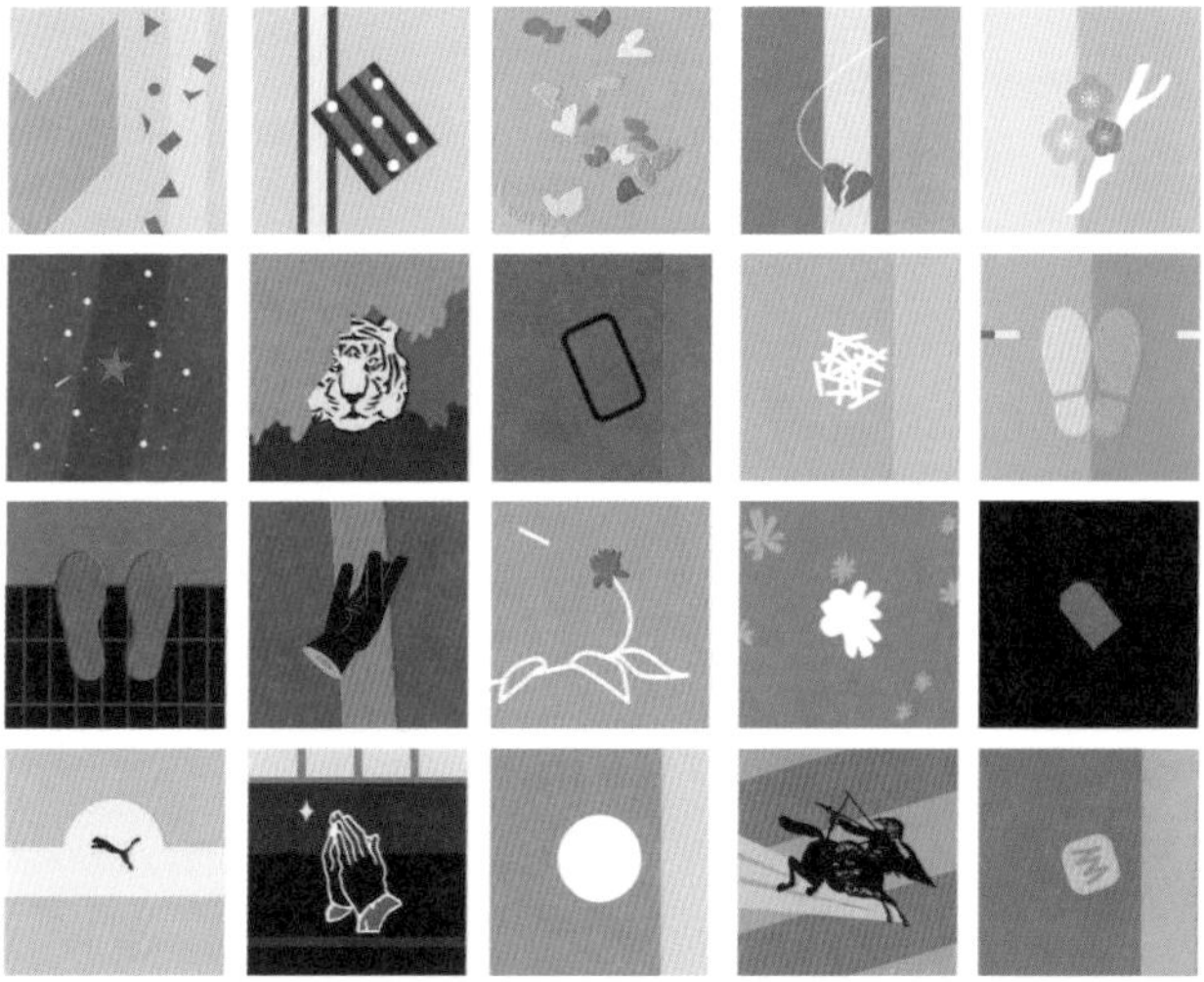

（イラスト：藤田泰実）

こうした落ちもんの発見・発信が、本業であるデザインの仕事に生きることもあるという。

「落ちもんの写真を撮り始めたのは、当時勤めていたデザイン事務所で毎日寝る時間もないほど仕事に追われていた時でした。デザインの仕事は、きらびやかなものばかりを扱いがち。「キラキラしているものより、注目されないものの方が大事なんだ！」という反骨心もありました。

落ちている石ころやゴミだって、**切り口や価値観をちょっと変えれば、おもしろみのある風景になる。**落ちもんを撮影しアウトプットするという行為を通し、感覚的なことを言語化したり、多面的に物事を見たりできるようになりました。

それは、デザインの仕事にも生かされていると思います」

想像と創造で目の前の風景が拡張する

真実を突き詰めない、正解を出さなくてもいい。そんな気軽なスタンスで物語を空想してみると、見慣れた風景が自由自在に変わっていく。

正解がない分、同じものであっても、それを見る人の趣味趣向や仕事、今いる状況、それまで歩んできた人生などによって、捉え方や見え方は千差万別。

同じものを題材に、複数の人で妄想大会や見立て大会をするのもおもしろいだろう。同じ世界に生きて、同じものを見ていても、視点の違いで見えている景色が違う。それを感じると、目の前の風景がパラレルワールドのように重層的に拡張する。

ＴＹＰＥ８：まちを舞台にする

これまでご紹介したのは、何かの対象物を観察したりそこから妄想を広げたりするなど、基本的に自分は対象物の外にいる視点だった。最後のＴＹＰＥ８では、実際にまちにある場所やサービスを利用したり、まちの風景に自分自身が関与することで、まちを体験して楽しむという方法をお伝えしたい。

まちを五感で体験する

（1）テーマを決めて体験する

まちを体験する第一歩としてできることは、そのまちの何らかの「場」に関与してみる、ということだろう。

銭湯やサウナ、喫茶店、酒場など、対価を払えば誰にでも開かれたサービスだと、最初のハードルは低いかもしれない。

心地いいな、楽しいな、と心に響くものがあれば、特定のテーマに絞って巡り歩いてみると、場所ごとの特徴も見えてくるだろう。たとえば「喫茶店のパフェ」なら、食べ比べることで店ごとのトッピングや具材のこだわりが見分けられるようになるだろうし、銭湯なら泉質の違いを味わうという楽しみ方もあるだろう。

もしお気に入りのまちがあれば、銭湯に入った後、商店街をぶらついて、最後にいい雰囲気の酒場でビールを飲む、というふうに、特定のまちをとことん掘り下げるのも楽しいだろう。

（2）風景を借りる

もうひとつは、自分自身が主人公となり、そのまちの風景の一部となる、という方法だ。

たとえば、各地の顔ハメ看板にハマってみたり、まちの風景をバックに自撮りしてみたり。自分ではなく、お気に入りの人形を登場させてみてもよい。

持ち運び用の椅子を持って、公園や河川敷などの屋外で飲むことや、軒先に鉢植えを置く行為も、ある意味まちの風景の一部となるひとつの方法だろう。

（3）人に関与する

サービスを利用したり風景に関与していくと、店の人や常連客など、まちの人との関わりも自然と生まれていくだろう。
「ここには昔こういうものがあった」「〇〇を買うならあの店がおすすめ」「〇〇さんはこういう活動をしている」など、インターネットやガイドブックには載っていないような人づての情報は、そのまちの魅力を知ったり深掘りしたりする上での貴重な材料となる。

以下では、まちを舞台に活動しているマニアたちをご紹介する。

電気風呂マニア・けんちん——電気風呂に人間味を見出す

▼マニア名鑑138頁

けんちんさんは、日本全国の公衆浴場（銭湯）に足しげく通い、約5年で８００軒以上の電気風呂に入浴したという「電気風呂マニア」だ。銭湯で見たことはあるけれど、積極的に入ったことはない。むしろちょっと怖いイメージすらある電気風呂。その魅力を聞いてみた。

「銭湯に行くのは前から好きで、ある時期は毎日のように行っていました。以前、重たいものを運ぶ仕事をしていた時、腰を痛めたことがあったんですけど、整骨院に行ったら電気をあててくれるじゃないですか。それで、銭湯に行くと電気風呂があるから「これって効くのかな」みたいに思って。**最初は軽い気持ちで入り始めました**。そこから、銭湯に行ったら電気風呂には必ず入る、というふうに自然となっ

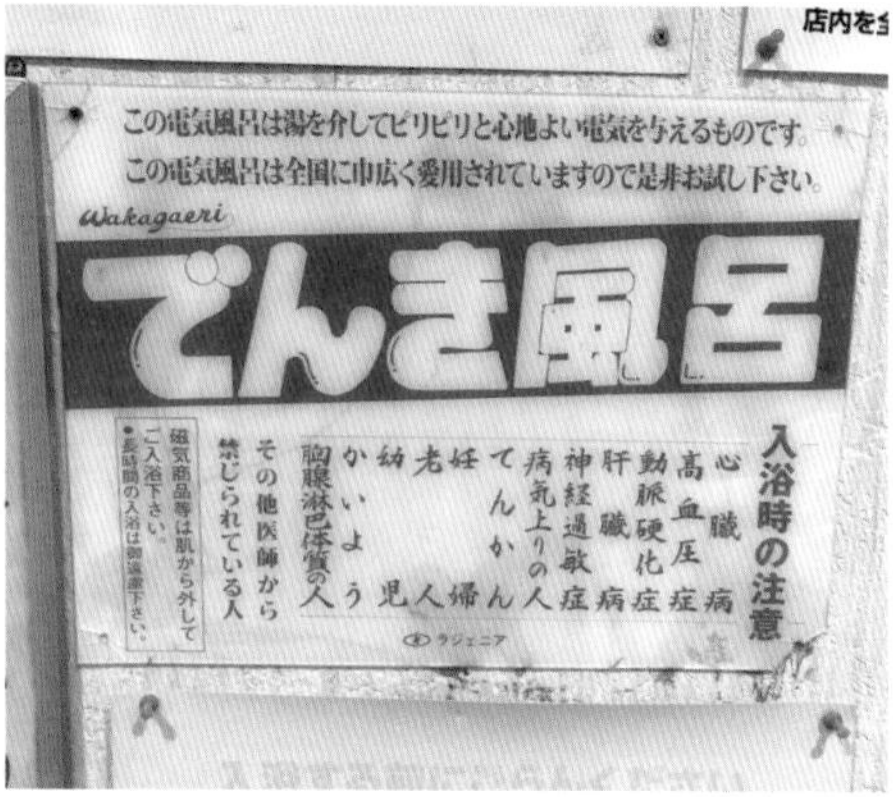

銭湯に掲示されている電気風呂の注意看板（写真：けんちん）

ていきましたね」（けんちんさん、以下同）

ある時、銭湯によって電気の強さが違うことに気づいたけんちんさん。

「いろんな電気風呂に入ってみたらおもしろいのかなと思って、手始めに10ヶ所、20ヶ所まわったら、すごくおもしろかったんです。最初に入った電気風呂のパワーがめっちゃ強かったことにも気付きました。でも「電気風呂ってこういうもんなんや！」って思ってずっと入っていたから、鍛えられていて。強い電圧でも全然大丈夫になりました」

電気風呂に対して「痛い」「怖い」というネガティブなイメージを持っている方や、電気風呂にそもそも入ったことがない方に向けて、楽しみ方のコツを聞いてみた。

「コツは、**最初に指先を入れないこと**です。指先は一番敏感なので、敏感なところで触らないというのが一番のポイントです。まずは鈍感なお尻から入って、少しずつ体の位置を変えていって、安全地帯を

まずは電極板がない部分を見定めて慎重に入浴。
お尻からゆっくり進んでいき、ベストポジションを見つけよう（イラスト：きよ）

探していきましょう。できる限り、電極から出ている電流が一番弱いと思われる部分に入っていくというのが、はじめの一歩ですね。「**一番遠いところから攻める**」という基本さえ守っていれば、電気風呂パワーが弱めの場所なら余裕で入れるはずです。時間としては、長く入っても1分くらい。水風呂30秒程度との交互浴が良いですよ」

電気風呂パワーとは一体なんなのだろうか。

「電気風呂には3要素あって、電流の強さと、お湯の温度、そして一番大事なのが電極と電極の間の幅です。その総合評価を**電気風呂パワー**と呼んでいます。電極と電極の幅が広かったら、いくら電流が強くても真ん中にいれば大丈夫なんですね。逆に、電流が弱くても、幅が狭かったら結構しんどい。初心者の方は、ぜひパワーが弱めの場所から試してみてもらいたいです。ただ、本当に体質に合わないという方もいるので、パワー1でも無理だったらすぐにやめてください。一方、**食わず嫌いの方はまだまだいる**と思うので、そういう人にはやっぱりお勧めしたいですね」

坂田の電気浴器は、手づくり感あふれるアナログタイプ（写真：けんちん）

けんちんさんが感じている、電気風呂の効能についても教えてもらった。

「まず肩のコリが軽減された気分になります。あとは、悩みがどうでもよくなるってことです。仕事でしんどいことがあっても、電気を浴びたら「あー、どうでもよかったー」となる。「**なんか、ちっぽけなことで悩んでんな**」って思えるんです。電気風呂に入ると、結構疲れるんですよ。だから家に帰るとすぐに寝られるのも良いところです」

日本では大正時代後半頃から、関西を中心に広まっていった電気風呂。昭和40年代後半になると、関東でもかなり普及していったそう。

「もともと関西には、坂田電気工業所（以下、坂田）や小西電機（以下、小西）という電気風呂のメーカーがあって、関東の電気風呂は8割以上が小西のものです。個人的に好きなのは、坂田の電気風呂ですね。メーカーによって、浴びた時の電気の感じが全然違うんです。坂田は完全にランダムで、電流が強い時もあれば弱いときもある。バネで弾く半自動式という仕組みです。この間入った銭湯では、いつもと波動が違って、電流が出てないと思ったら、いきなりドスンってきて。たぶん銭湯の方がたまたまバネを弾いてたんでしょうね。坂田って、銭湯によって設定が全然違うので、100軒あったら100通りの味わいがあると思うんです。湯のコンディションによっても感じ方が違いますし。**安定感があって壊れにくいのは電子制御式の小西**なんですけど、**人間味があるのは坂田**ですね」

けんちんさんお気に入りの坂田だが、すでに会社はなくなり、電気風呂も減っていく一方だという。

「今のうちに、坂田の電気風呂が置いてあるところを調べて、行っておきたいと思ってます。以前、銭湯愛好家の松本康治さんの編著書『旅先銭湯』（さいろ社）で、山梨県の石和温泉に坂田の電気風呂注意看板らしきものがあるのを見つけて。自宅のある**大阪から行ったら本当に坂田だった**ので、その時はめっちゃ感動しましたよ。関東にはなかなか設置されていないので、レアケースでした。今後は、銭湯ファンの間にも、もっともっと電気風呂を広めたいですね。ストレスを一気に発散できますよ。銭湯やサウナ、水風呂好きの方は結構いるんですけど「電気風呂はちょっと」という人が多いように感じているので、そんな人たちにぜひチャレンジしてもらいたいです」

火曜サスペンスごっこマニア・さかもツインねね——各地を舞台に死んだふり

▼マニア名鑑141頁

さかもツインねねさんは、全国各地で死んだふりをして写真撮影をしている「火曜サスペンスごっこ

階段の下に、死んだふりをしているねねさんが（写真：さかもツインねね）

マニア」だ。

「安全第一で、いかに美しく、悲壮感なく、潔く撮れるか。そこにこだわって活動をしています。始めたきっかけは、本当に偶然ですね。静岡旅行に行った時、観光客が他に誰もいなかったので、調子に乗っていろんなポーズで写真を撮っていたんです。走っている写真とか、ジャンプしている写真とか、いくつも撮っている中で、地べたに這いつくばっている写真にすごくピンときちゃって。「これ良いなあ！」と思って、SNSにアップしたら、おもしろいという反応をちょこちょこいただきました。そこから「火曜サスペンス（火サス）ごっこ」と名前をつけて、全国各地で死んだふりをするようになりましたね」（さかもツインねねさん、以下同）

撮影場所は、夜な夜なインターネットでリサーチしているそう。

「ラブホテルに1人で行って撮影することがメインなので、SNSで頻繁に「昭和レトロ　ラブホ」で調べています。都内でいうと、すでに閉業してしまいましたが「シャトーすがも」がお気に入りでした。どの部屋に行っても昭和の雰囲気が漂っている、とても良いホテルだったんですよ。古い場所はどんどん潰れちゃうので、早く行かないといけなくて。ひどい時には夜中の3時に目が覚めて「**寝ている場合じゃない！早く調べてラブホに行かないと！**」って焦ることも。納得するまで3〜4時間くらいですかね、Googleマップでひたすら「ラブホテル」と検索しています。しらみ潰しに1件ずつ調べていくと、朝になっちゃうんですよね」

「火サスごっこ」のこだわりについても聞いてみた。

「最初は普段着で撮っていたのですが、ズボンとTシャツなど上下分かれた服だと、背景と混ざってごちゃごちゃしちゃうんです。それで、今はなるべく単色のワンピースを着ています。特に赤は良いですよ。海でも芝生でも目立つし、コンクリートや夜道など、どんな景色でも良く映えます。ポーズに関しては、四肢をピンと伸ばすと水泳選手みたいになってしまうので、肘など絶対にどこか1ヶ所は曲げて、力を抜くようにしています。**指先に力が入っていると生き生きしてきちゃう**ので、意識してダラっとさせていますね。はじめ、あお向けになったときには、つま先が立っていたんですけど、写真を見返すうちに不自然だなあと気付いて。そこからつま先が横を向くように調整したりして、だんだんと洗練されてきたような気がします」

死んだふりをし続けているにも関わらず、意外にもホラーは苦手だというねねさん。

「ホラー映画は全然見られないですし、実は『火曜サスペンス劇場』もあまり見たことがなくて、名前だけお借りしているような感じなんです。火サスごっこに関しては、**あまりグロくなってしまうと、ちょっと違う**と思っていて。ポップさを残しつつ、なるべく華やかでスカッとした感じの写真になるように気をつけています。苦しそうな顔を見せないというのが一番のポイントかもしれませんね。あとは、身体が汚れていないこと。砂や海藻にまみれてドロドロだったりすると「可哀想だな」という感じが出てしまうので、清潔感のあるサスペンスを心掛けています」

特に大変だったという、真冬の海での撮影について教えてもらった。

「静岡に「行きつけの砂丘」って呼んでいる海岸があるんです。そこではよく撮影していたので、ベストな波がくるタイミングが分かると思っていて。いざ「今だ！」というタイミングで波打ち際に這いつ

ラブホテルで撮影された「火サス」写真。
エメラルドグリーンのワンピースがよく似合う（写真：さかもツインねね）

四肢を曲げ、力を抜くことで自然なポーズになる（写真：さかもツインねね）

真冬の海で全身が濡れてしまった瞬間（写真：さかもツインねね）

くばったら、まんまと足元から胸元まで全部濡れてしまいました。真冬の海で寒かったですし、タイツもキャミソールも全滅。その日最初のショットだったので、本当に悔しかったですね。あとは、犬神家のような逆立ちのポーズをしたときも大変でしたね。筋肉がないと身体を支えられないのですが、かといって鍛えすぎてしまうと「**なんでこの人、ムキムキなのに死んじゃったのかな**」というふうになってしまう。だからあえて幸が薄いような、**健康的じゃない身体になるように努力**をしています」

1人での撮影には、苦労も多いのだとか。

「友人や、双子の妹に手伝ってもらうこともあるのですが、三脚とセルフタイマーを使って1人で、という場面も多いので、撮影には失敗がつきものです。起き上がる瞬間の必死そうな顔や、ポーズを取っている途中の「ヒュン」みたいな写真がいっぱいあります。自分で自分の写真を見て本当に笑っちゃいますね。**自分の写真で笑えるって、結構良い**と思うんです。みなさんも人生に疲れちゃったり、落ち込んだりしたときには、火サスごっこをやってみると良いと思いますよ。いつも見ている風景でも、視点が全然変わって、空が広く見えますし、何より結構笑えますので。自分で自分を笑ってあげてください」

まちをテーマパークのように味わう

まちを舞台にするとは、まちの様々な場やサービスを自ら体験するという方法だ。対価を払って利用するサービスもあれば、自らが主人公となって、まちの風景の一部となる方法もある。

ひとくちに「まち」といっても、そこで営まれているサービスやまちの風景には、元の地形や歴史、風土、文化などが反映され、そのありようは様々だ。

まち全体をテーマパークに見立て、まちの一部に溶け込み、まちにある様々なものをアトラクションのように味わうことで、ただ見るだけでは気づかない、新たな魅力が見えてくるだろう。

マニア名鑑

36人のマニアの「別視点」を紹介!

Q1：好きになったきっかけ
Q2：魅力を感じる点
Q3：マイルール
Q4：活動時の「3種の神器」

Q5：はじめての人が楽しむ3ポイント
Q6：好きなまち・おすすめのまち
Q7：アウトプット方法とそれによる変化

ドジっ子看板は、かわいい

ドジっ子看板マニア　赤沼俊幸

関連 TYPE1：まちのレアものを掘り当てる

1983年、札幌生まれのドジっ子看板研究家。趣味のまち歩きで発見したドジっ子に心を奪われ、2006年よりドジっ子看板写真を撮り続ける人生が始まる。個人でのドジっ子収集は約300人。1人の限界を感じ、2020年からツイッターでの収集を開始。全国に提供を呼びかけ、収集したドジっ子は1800人以上（2022年10月現在）。

好きになったきっかけ▼趣味のまち歩きをしている時に、交通安全看板内でドジをする子どもがいることに気付き、ドジっ子看板と命名。収集して分析すると法則性にも気づき、より一層好きになりました。

魅力を感じる点▼純粋に「かわいい」看板が多い点。子どもが失敗している様子が愛らしいです。思わずツッコミたくなる変な看板が多く、時に「謎要素」もある点に魅力を感じます。

マイルール▼収集後はドジっ子看板の情報をデータベース化。「分類」「性別」「トップス」「ボトムス」「帽子」「色」「スポーツ」「車の顔」「動物」「所属」「発見地名・場所」などの項目があります。

活動時の「3種の神器」▼①スマホのカメラ。ドジっ子看板を発見した時にはすぐ撮影します。発見から撮影までが早い。／②ツイッター。全国のドジっ子看板ファンとの交流にツイッターは必須。／③Numbers（Macの表計算ソフト）。収集したドジっ子看板はデータベース化。

はじめての人が楽しむ3ポイント▼①【発見】ドジっ子看板を発見しやすいのは「交通量の多い通学路」や「川などの水辺」。探索してみましょう！／②【観察】発見した時はよく観察。どんなドジをしていますか？／③【共有】「#ドジっ子看板」をつけてツイッターに投稿！全国のドジっ子看板ファンからコメントがあるかも！

好きなまち・おすすめのまち▼「飛び出し坊や」発祥の地、滋賀県では豊富なバリエーションの飛び出し注意看板を発見できます。車の都市として有名な愛知県では通称「名古屋式看板」と呼ばれる凶暴な車が登場するドジっ子看板が多数設置。複数パターンあり、どれだけ凶暴さが表現されているかを比べてみるのもおもしろいです。

アウトプット方法とそれによる変化▼ツイッター、gooブログでの分析発表、ZINE『ドジっ子図鑑』制作、豆本『ドジっ子豆図鑑』出版、データを元にしたキャラクター「どじた」制作・グッズ販売、イベント出展（マニアフェスタ等）など。ツイッターをきっかけに全国の看板愛好者とのつながりが増加。テレビ、ラジオに出演し、ドジっ子看板への愛を語りました。イベント出展をきっかけに実際にドジっ子看板を制作しているデザイナーと会うことも。

商店街は、まちの顔

商店街マニア　あさみん

関連 TYPE3：まちの歴史に注目する

全国のレトロなまち並みや珍しい観光地を巡りながら、独自の視点でブログに紹介。2014年から歴史ある商店街を中心に全国を訪ね歩き、現在までに300ヶ所以上に及ぶ。著書に『商店街さんぽ　ビンテージなまち並み50』（学芸出版社）。雑誌、ウェブ記事への寄稿、メディア出演のほか、2020年12月より文春オンラインにて、地方都市に潜む魅力的なスポットについて連載中。

好きになったきっかけ▼２０１４年にはじめて訪れた北九州市の旦過市場。昭和の時代から変わらない姿のまま営業中で、活気あふれる光景に衝撃を受けました。以来、他の商店街も気になり始め、全国を巡るようになりました。

魅力を感じる点▼店先看板の手書き文字、カラフルなアーケード、美しい照明。昭和のころに作られた商店街には、このまちでしか見られない唯一無二のデザインや趣のある店の佇まい、地元の名店が残り、まちの個性が見えてきます。

マイルール▼昼と夜、平日と休日、同じ商店街に何度も足を運ぶ。／個人商店で買い物をし、味のあるパッケージのおみやげを買う。／そのまちにしかない喫茶店や定食屋で、食事・休憩をする。

活動時の「3種の神器」▼①ミラーレスカメラ。カメラが軽くて、画質のいい写真をたくさん撮りたいので、充電池も複数持ち歩く。／②懐中電灯。夜、暗くて見えない場所を観察するため。／③パン。食事にありつけないときの非常食。

はじめての人が楽しむ3ポイント▼①遠目・近目、いろんな角度から対象物を観察する。遠くから見ただけでは分からなかったものも、近づくことで分かる気づきがあります。／②昔はこうだったのではと想像を膨らませる。なくなったものでも、周りの状況から推測することで見えてくるものがあります。／③駅前・参道・街道沿いに注目。昔から人の集まる場所に商店街は自然発生する。今は消えていてもその名残は見つかるかもしれません。

好きなまち・おすすめのまち▼福岡県北九州市。昔のままの姿で営業を続けている、歴史ある市場や商店街が多いです。

アウトプット方法とそれによる変化▼ＳＮＳ投稿、ＺＩＮＥ、書籍、グッズ制作、記事執筆。

自身の気に入った商店街とその周りのまちの楽しみ方と魅力を紹介する書籍『商店街さんぽ　ビンテージなまち並み50』を出版することができました。レトロなまち並みが好きなフォロワーさんの中には、商店街を旅先のひとつとして訪れる方が増えてきました。

片手袋は、楽しい呪い

片手袋マニア　石井公二

関連 TYPE1：まちのレアものを掘り当てる（p.30）

1980年、東京生まれ。片手袋研究家。2005年から、まちに片方だけ落ちている手袋を「片手袋」と名付け、写真撮影や発生メカニズムの研究を始める。撮影した片手袋は5000枚以上。様々な活動を通じて研究成果や片手袋の魅力を広めている。2019年、『片手袋研究入門』（実業之日本社）上梓。

好きになったきっかけ▼幼少の頃に読んだウクライナの絵本『てぶくろ』で片手袋の物語に触れて、実際にまちに落ちている片手袋が気になり始めました。

魅力を感じる点▼背後に、片手袋が発生するに至った人間の行動や生活、それに影響を与える都市の構造や変化が透けて見える点。また「細部は全体であり全体は細部である」というような、思考を常に揺さぶられる感覚。

マイルール▼片手袋に触れない。／片手袋に出会ったら必ず撮影する（死なない限り）。／死ぬまで続ける。／安易に結論を出さない。／答えよりも問いをより多く引き出す。／片手袋以外のジャンルにたくさん触れ、積極的に影響を受ける。

活動時の「3種の神器」▼①iPhone。いつでもどこでも写真撮影が可能な時代だからこそ、片手袋研究は成立しています。／②片手袋分類図。当てはまるか否かに関わらず、思考や観察の出発点となる土台です。／③命。生きていること＝片手袋なので、まずは死なないように。

はじめての人が楽しむ3ポイント▼①まずは視線を固定せずに1つ見つけてみましょう。／②とにかくよく見る。そして撮影。その後、妄想でも良いのでなぜ片手袋が発生したのか考えてみましょう。／③いくつか写真が溜まったら、それぞれの共通点と相違点に注目してみましょう。

好きなまち・おすすめのまち▼全てのまちがおもしろさとスリルに満ちています。片手袋との出会いはいつ訪れるか分かりませんし、出会った片手袋は全てその時、その場所だけで出会えるもの。それを考えると、どんなまちを歩いていても退屈することがないのです。

アウトプット方法とそれによる変化▼片手袋研究の歴史は「片手袋研究とは何をすることなのか？を探る歴史」。過去に存在しない研究なので、SNS、書籍、写真展、イベント参加、記事執筆など、とにかくあらゆるアウトプットに挑戦しています。アウトプットは、自分の活動を客観的に捉え直すと同時に、他者の視線を取り入れることでもあります。その手段が多岐に渡るほど新たな視点が得られ、取り組むべき分野の幅が広がりました。また様々な情報が周囲の人から寄せられるようになり、アウトプットが次のインプットになっています。

電線は、都市の血管であり神経だ。

電線マニア　石山蓮華

関連 TYPE5：まちの中の美を愛でる（p.77）

電線愛好家、日本電線工業会公認・電線アンバサダー。電線を愛でながら、400m程度の距離を1時間ほどかけて歩くことができる。文筆家として『電線の恋人』（平凡社）、『犬もどき読書日記』（晶文社）刊行。電気新聞「電線あるき。」、月刊電設資材「電線日記」連載中。TBSラジオ「こねくと」パーソナリティ、テレビ番組「タモリ倶楽部」に出演。

好きになったきっかけ▼小学生のころ、父の会社があった東京・赤羽によく行っていました。自宅周辺の田んぼと比べ、路地で見る電線は際立って見えました。理科の授業で植物のツタや根などを観察してスケッチするのが好きで、電線の曲線も動植物のように生き生きしていると感じ、目が留まるようになりました。

魅力を感じる点▼寡黙で働き者の博愛主義者。インフラなのに個性があって表情豊かで、全国どこでも楽しめる。私はビジュアルから入ったけれど、その機能や素材、文学や政策とのつながりなど、知れば知るほどおもしろい！

マイルール▼電線に集中していると無防備な姿勢になるので、周辺に気を付ける。／メディア出演の際には、あくまでも電線のバーターであるのを忘れない。

活動時の「3種の神器」▼①カメラ：ズームの効くコンデジを持ち歩いています。／②電線スカート：中野で撮影したお気に入りの電線写真をスカートにした一張羅です。／③メガネ or コンタクトレンズ：電線のボリュームゾーンまで視力が届かないため。

はじめての人が楽しむ3ポイント▼電線鑑賞おすすめの位置　①真下：電柱の真下に張り付くと、電線や柱上変圧器などの資材が織りなす景色が楽しめる。／②坂の上：道沿いに並ぶ電柱と電線で、まちが編み物のように見える。／③表情を探る：気になる電線の一番グッとくる角度を探ってみてください。

好きなまち・おすすめのまち▼赤羽。電線愛好家的・お袋の味な景色です。／新宿ゴールデン街。生き物のような電線を間近で見られます。ただし撮影は申請が必要です。／中野。北口の飲み屋街の電線は迫力があります。人の「つながりたい」気持ちが線の形になっていて感動！

アウトプット方法とそれによる変化▼「#いい電線」というハッシュタグを作ってSNSに写真を投稿。同人誌『電線礼讃』の制作や、メディア出演、イベント参加などを通じ、電線の魅力を前のめりに語っています。イベントがきっかけで「いい線いってる夜《よ》」という線仲間ができたのは本当に嬉しいです。電線鑑賞で国内外へ遠出し、行動範囲が広がった気もします。工場見学の機会も増えました。最近は、なんの話をしていても電線とつなげて考えています。

路線図は、生き物

路線図マニア　井上マサキ

関連 TYPE1：まちのレアものを掘り当てる

ライター。路線図のデザインに魅せられ、「路線図の鑑賞」を趣味とする。商業施設のアクセス案内まで「インディーズ路線図」として愛で、保存してきた路線図は約1000枚。記事執筆やメディア出演、路線図イベントの主催など活動。共著書に『たのしい路線図』（グラフィック社）、『日本の路線図』（三才ブックス）。

好きになったきっかけ▼新婚旅行で行ったロンドンで、地下鉄路線図のデザインがかっこよくて一目惚れしました。そのまま交通博物館でグッズを買って帰国し、そこから国内外の路線図を見るようになりました。

魅力を感じる点▼鉄道会社や作り手によって、デザインに個性が生まれるところ。駅と路線のつながりを分かりやすく伝えるために、実際の地形から離れることも厭わず、様々な工夫が施されているところ。

マイルール▼駅ができたり名前が変わったりなどして、路線図は年月と共に姿形を変えるので、ダイヤ改正の時期は各鉄道会社の公式サイトをチェック。一度更新された路線図は二度と日の目を見ることがないので、毎回必ず保存します。

活動時の「3種の神器」▼①スマートフォン。路線図の撮影用。車内に掲出されたものをスッと撮ることもあるので。／②翻訳アプリ。各国の言葉で〝路線図〟を検索するときに。／③スキャナ。紙で配付された路線図をデジタルでも保存するため。

はじめての人が楽しむ3ポイント▼①鉄道会社によって異なるデザイン（同じ地域でも描き方が違う！）／②実際の地形とかけ離れた「歪み」に注目（なぜ歪んだのか事情があるはず）／③優劣をつけず「いいねぇ」と愛でる（みんな違ってみんないい）

好きなまち・おすすめのまち▼ロンドン（縦横斜め45度の直線で描く路線図の起源）、広島（アストラムラインの路線図が「？」の形）、ニューヨーク（型にはまらない〝問題児〟な路線図）

アウトプット方法とそれによる変化▼SNS投稿、記事執筆、イベント主催（路線図ナイト）。ライターとして駆け出しのころ、路線図を愛でるオフ会をやり、そこから仕事につながりました。デザイナーや鉄道会社の方、そして同じく路線図好きの方々と会えて、路線図のさらなる奥深さを知れました。

地図は、社会も景色も映す

空想地図マニア　今和泉隆行（地理人）

関連 TYPE7：物語を空想する

7歳の頃から空想地図（実在しない都市の地図）を描く空想地図作家。空想地図は現代美術として美術館で展示される。大学生時代に47都道府県300都市をまわって全国の土地勘をつけ、地図デザイン、地理監修にも携わるほか、地図を通じた人の営みを読み解き、著書3冊や講演を通して新たな都市の見方、伝え方作りを実践している。

好きになったきっかけ▼幼少期は路線バス趣味からバス路線図に目覚めましたが、大きかったのは1990年（5歳時）の引越し。当時はネットがないため、生活に必要な目的地を探すために冊子地図を買って、くまなく眺めていました。

魅力を感じる点▼地図は個性的なまちも、無個性なまちも、注目されるまちもされないまちも、均等な表記方法、均等な縮尺で表記、描画されます。そんな表現方法があれば、空想の日常の全体像も忠実に描けます。

マイルール▼空想地図は私の理想を描いたものだと誤解を受けることがあるので、「私が作った」感じが出るのは避けたいところです。細部は私の設定資料として作ることはせず、詳細は現地で発掘、発見されたもの、として捉えています。

活動時の「3種の神器」▼①紙／②鉛筆／③ Adobe Illustrator　全て線を引く道具ですが、線が重なると地図ができます。

はじめての人が楽しむ3ポイント▼①文字／②色／③線　都市地図は、多くの人が集まるところは文字や色が煩雑、というシンプルな読み方から、道路の形状や地形、都市と都市の位置関係等、複合的な要因が見えるので、地図からでもまちの風景や背景が読めてきます。

好きなまち・おすすめのまち▼北九州市。市内に城下町、港町、企業城下町、宿場町と多様なまちがあり、平野から海峡、緩急両方の傾斜面、カルスト地形まで地形も多様で、本州側の下関市とともに連続した都市圏を形成しています。

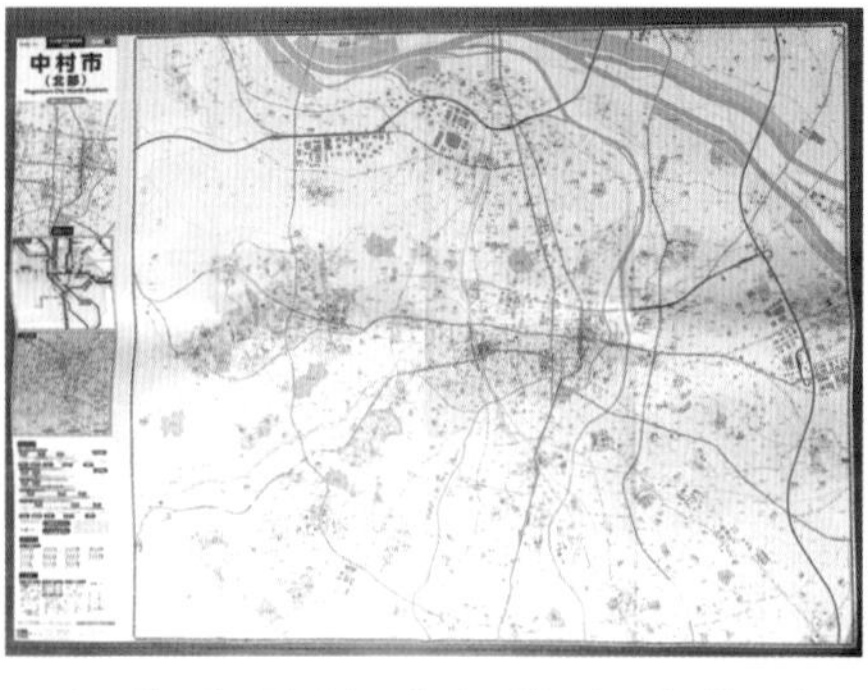

アウトプット方法とそれによる変化▼制作した空想地図は元来静かにウェブにアップロードするのみでした。後に大判印刷してグッズ販売もしています。孤独な密室趣味でしたが、思いの外反響が大きく、自身の微力な発信を上回る取材やメディア出演が続き、著述や展示といった作家活動に至ったのは想定外でした。それが起爆剤となり、自営業が成り立ったのはありがたいことです。

バックヤードは、社会の素顔

バックヤードマニア　今井夕華

関連 TYPE4：DIY的な営みを見つける
ケーススタディ（p.178）

バックヤードウォッチャー／編集者。小学生の頃から社会科見学が好きで、大学の卒業制作では多数の染織工場を取材。求人サイト「日本仕事百貨」で様々な職場を取材し、2020年フリーランスに。主な活動に「るるぶkids」「デザインのひきだし」での編集や執筆、ウェブ連載「今井夕華のバックヤード探訪」などがある。

好きになったきっかけ▼小学校の社会科見学でゴミ処理場に行ったこと。家の近くだったのに、全然入ったことがない場所で、中はこんなふうになっていたんだ！とビックリしました。立ち入り禁止の場所に案内されるワクワク感がたまりませんでした。

魅力を感じる点▼その場所ならではの道具や、なぜか長年放置されているものなど、キラキラして見える施設や店舗のすぐ裏にある人間味が大好きです。

マイルール▼きちんと許可を取って中に入り、敬意を持ってお話を伺い写真を撮影すること。その空間の匂いを嗅ぎ、気になるものは触らせてもらい、五感でバックヤードを感じること。

活動時の「3種の神器」▼①カメラ。軽くて小回りのきく「GR」を使っています。／②手土産。なるべくスタッフの皆さまに行き届くよう、お邪魔する場所の規模感を考えながら選んだ個包装の手土産を持っていきます。／③動きやすいズボン。梯子を登る、屋根裏に入る、油と埃にまみれた機械を観察する、というイベントが急遽発生するのがバックヤード見学の楽しいところ。バックヤードを安全に楽しむためには動きやすい格好がマストです。

Q：はじめての人が楽しむ3ポイント▼①仕事道具置き場を観察する。カスタムされた独自アイテムや道具の配置に注目。／②働いている人の姿を観察する。一生懸命働く人の姿は美しい！休憩室であふれ出すプライベート感も見逃せない。／③専門用語や独自ルールを観察する。その人たちにとっての「普通」「日常」を自分と比べてみよう。

好きなまち・おすすめのまち▼東京・浅草橋、馬喰横山。老舗の個人商店がたくさんある問屋街で、歩いているだけでも楽しいバックヤードタウンです。

アウトプット方法とそれによる変化▼インスタグラムの投稿、ＺＩＮＥの制作、記事の執筆をしています。観察を続けていたことで「うちの会社のバックヤードも見においでよ」「うちの町のバックヤードを舞台に、ＺＩＮＥを1冊作らない？」など嬉しい声を掛けてもらえるようになりました！

峠の鉄道の歴史は、人の歴史だった

峠の鉄道の歴史マニア　上原将太

関連 TYPE3：まちの歴史に注目する（p.47）

2018年9月から一般社団法人安中市観光機構に在籍し、「廃線ウォーク」ガイドを務め地域の魅力を発信。東京農業大学生物産業学部産業経営学科卒。都内の印刷会社を経て出身地の群馬県安中市に帰郷。1997年に廃線になった信越本線の横川-軽井沢間を歩くイベントを2018年5回、2019年60回、2020年52回、2021年71回開催し、4000人以上を案内。各回10km歩いたとすると総歩行距離は1410kmほど。

好きになったきっかけ▼祖父が碓氷峠を走る機関車を運転していたと聞いた時、リスペクトと愛着が生まれ、今まで気にしなかった風景が気になるところだらけになりました。碓氷峠に鉄道が走った104年間の歴史で刻まれた人の思いや記憶について、話を聞くマニアになってしまいました。

魅力を感じる点▼知ることで見方が変わり、知ったことを活かせるフィールドがあること。若い時の苦労や仕事への情熱を祖父と一緒に回顧できたこと。その時代の出来事を自分に置き換えてみると、価値観が変わりました。

マイルール▼当時の映像や写真を見てもらいながら話を聞き、話し手にも思い出すことや伝えることを楽しんでもらいたいと思っています。

活動時の「3種の神器」▼①respect：リスペクトが地域への愛着に変わる／②iPhone：録音・撮影・映像と写真を見てもらう用の必須アイテム／③passion：眠る思いに火をつける

はじめての人が楽しむ3ポイント▼①聞いてみる／②食べてみる／③飲んでみる　駅員さんやお店の人に話を聞き、オススメいただいた場所でご飯を食べたり飲んだりして、話も食べ物も飲み物もいっしょに腹に落としていきます。

好きなまち・おすすめのまち▼横川と磯部。峠越えの前線基地だった横川は、現在もまちに汽笛の音が鳴り響いています。磯部は信越本線の開通によって当初は別荘地として栄えましたが、その後の横川-軽井沢間開通によってファミリー向けの温泉地としてブランドを確立していきました。鉄道がまち全体の雰囲気を変えていったことを感じられます。

アウトプット方法とそれによる変化▼横川-軽井沢駅間の鉄道遺産群を巡り歩く「廃線ウォーク」を主催。「廃線VR映像」をYouTube上でリリース。廃線区間の時刻表を復刻販売。オリジナルデザインのヘッドマーク掲示運行やアパレルアイテム制作。機関士たちへのインタビュー映像を制作・上映。祖母の兄も碓氷峠を越える列車の機関士だったため、祖母が喜んでくれました。イベントに参加してくれた人たちが、廃線を活かす取り組みを応援し続けてくれました。また自分自身が、暮らすまちの歴史や文化に誇りを持つようになりました。

歩行者天国は、都会のオアシス

歩行者天国マニア　内海皓平

関連 TYPE6：まちの変化を楽しむ（p.85）

歩行者天国研究家。1995年東京生まれ。大学で建築を学んでいた2017年、根津・藍染大通りとの出会いをきっかけに、卒業論文の対象に遊戯道路（子どものための歩行者天国）を選び、道の使い方やそれを支える仕組みについて研究した。以来、歩行者天国100ヶ所以上を訪問、30ヶ所以上でインタビューを行う。「歩行者天国ハンドブック」などにより魅力を発信。

好きになったきっかけ▼東京で生まれ育ちましたが、「都会の真ん中にこんなに豊かな場所があったのか！」と衝撃を受けました。建築や都市を計画する立場として、計画されていないのに暮らしの一部として使いこなされている空間に嫉妬すら覚えます。

魅力を感じる点▼子どもから大人まで、まちに住んでいる人や関わる人が思い思いの使い方をできること。しかもそれを普通のまちの人が支えていることが多く、同じ制度にのっとっているとは思えないくらい個性にあふれていること。

マイルール▼外から観察するだけでなく、自分も歩行者天国の一部になること。路上で食事したり、子どもと一緒に遊んだり、買い物したり、ゆっくり流れる時間を過ごすと、まちの見え方が変わります。

活動時の「3種の神器」▼①スマホ。写真や動画（位置情報付き）、メモ、録音など記録には欠かせません。／②Googleマップ。全ての情報をプロットしたマップがデータベースです。／③自転車。まちじゅうに散らばっているので歩いてまわると大変です。

はじめての人が楽しむ3ポイント▼①道の真ん中で普段できないことをする。ただし迷惑にならない範囲で。／②車止めの看板。道ごとに違うのでコレクションすると楽しいです。／③始まる瞬間、終わる瞬間。一瞬で道の意味が変わる様は感動的です。

好きなまち・おすすめのまち▼東京・根津。私がはじめて出会いかつ一番好きな歩行者天国があるまちです。歩行者天国が、まちの魅力を押し上げる「まちの宝物」になっています。

アウトプット方法とそれによる変化▼ZINE、トークイベント、記事執筆、SNS投稿、グッズ制作。人に伝えようとするうちに、おもしろいポイントや自分が大切にしたいポイントが整理できました。その中で得た「まち」に対する視点は他の活動や仕事の基礎になっています。

裏側は、真実

顔ハメ姿マニア　裏パネの人

関連 TYPE8：まちを舞台にする

顔出しパネル愛好家。ハメ歴10年以上2700枚以上から数えてない。パネルのためなら日本全国どこへでも向かう。数年前より、パネルにハマった自身の顔ハメ姿を後ろから自撮りする活動を始めている。パネルの裏＝「裏パネ」と勝手に名付けている。

好きになったきっかけ▼顔ハメって、穴の位置が低すぎたり（逆に高すぎたり）、パネルと後ろの壁が近すぎて入りこめるスペースがギリギリだったり、親切のつもりで置いてある台がビールケースをひっくり返したもので逆にアブナイ……など突っ込みどころ満載。辛い体勢でも必死に中腰して顔ハメする大人の滑稽なハメ姿を撮ってみたらおもしろいかなぁと思って撮ったのがきっかけです。

魅力を感じる点▼パネルの裏に「顔は右向きに」とか「シャッターを押してほしい場合はご遠慮なくおっしゃってください by 店主」など、メッセージがあると心が和みます。パネルの裏からの景色って表面からとは全く雰囲気が異なるんですよ。同じパネルなのにこうも景色が違うのか……とこっそり楽しんでます。

マイルール▼撮影に時間をかけない。飲食店に置いてあるパネルならそこでお食事する、施設の入口にパネルがある場合は入館料を払って見学するなど、その場所をきちんと訪れることを意識しています。

活動時の「3種の神器」▼①三脚。（顔ハメって1人じゃ撮れませんからね……）／②スマホ。顔ハメ撮影用。通信用とはまた別に。／③コンデジ。スマホの充電が切れたときのために一応常備。

はじめての人が楽しむ3ポイント▼まずパネルがある場所を探すところから。①駅、空港にはウェルカム顔ハメがありがち（ようこそ○○へ系の）／②水族館、動物園にありがち／③戦国武将は顔ハメになりがち。武将ゆかりの地へ行ってみよう　全国各地ハメ続けていると「ここら辺ありそう」「ここはないな」など勘で分かるようになります。自分の「ハメレーダー」がうまく作動するとテンション上がりますよー！

好きなまち・おすすめのまち▼顔ハメがない都道府県ってないので全国対象なんですが、あえて挙げるなら佐賀県にある「肥前夢街道」ですね。20枚以上もあってまさに顔ハメボーナスステージなんです！

アウトプット方法とそれによる変化▼主にインスタにあげてます。自分のアカウントを客観的に見てみると我ながらギョっとします（笑）。何やってんだ私wってなりますね。家族、友人にはほとんど言わずこっそりやってるのであまり変化はないんですが、SNS活動を通して相互フォローの方とお友達になれたりと、素敵な思い出もたくさんあります。

いぬくそ看板は、ドラマである。

いぬくそ看板マニア　うんこ看板

関連 TYPE4：DIY的な営みを見つける

住宅街や公園などで見かける「犬のフンの片付けを促す看板」のある風景をスマホで写真撮影しています。意識して撮り始めたのは2010年頃からで、現在の写真枚数は4000枚以上。ジョギングの合間に撮ることが多く、看板を追って数十キロ走ることもあります。

好きになったきっかけ▼クルマの乗り降りで犬のフンを踏むようになってから意識するようになりました。駐車場が犬の散歩道だったようで、フンの地雷原でした。小学生の頃からおもしろ物件を探す癖があったことも影響しているかもしれません。

魅力を感じる点▼人間の心の動きが読み取りやすい風景であることに魅力を感じます。住民の、犬のフンの害に困っている切実さや、それを見せつけられる犬の飼い主のバツの悪さといった、感情が現れやすい風景だと思いませんか。

マイルール▼看板そのものは可愛らしいデザインが多く、看板単体で写真を撮ります。そして、設置された背景を読み取りやすくするため、看板を含む風景全体も撮ります。人間ドラマを観察することが重要。

活動時の「3種の神器」▼看板のある風景を振り返る目的で写真を撮っているので、撮影時にエラーが出ない程度の性能のスマホを持ち歩いています。感情を動かされる風景を見つけるために長距離を徒歩移動するので、ジョギングシューズ必須です。

はじめての人が楽しむポイント▼車通りの少ない住宅街を歩くと、民家の外壁や塀などに看板が設置されているはずです。看板のデザインに注目すると、犬の飼い主に主張を受け入れてもらえるよう、可愛らしいデザインになっています。

好きなまち・おすすめのまち▼犬の散歩道には大抵いぬくそ看板が設置されています。公園の歩道や川沿い、線路沿いを歩いてみてください。どのまちでも同じようなドラマが繰り広げられているはずです。住人の地域性が特徴的な場所は看板も個性があります。たとえば京都は婉曲的な伝え方をする場合が多く、阪急嵐山線沿線や洛西用水のあたりにはおもしろい看板がありました。

アウトプット方法とそれによる変化▼見つけ次第写真を撮り、インスタグラムに投稿しています。マニアフェスタに参加するようになってからは、写真をまとめてZINEにしたり、グッズを作成したりして、いぬくそ看板を読み解くことを世間に広める活動をしています。看板設置の経緯を考えるたびに、人がどう考え、どんな行動に出たのかに想いを馳せるようになりました。それを繰り返すうち、相手の立場で物事を考えられるようになったと感じています。

小屋は、世界の余白

小屋マニア　遠藤宏

関連 TYPE4：DIY的な営みを見つける
TYPE5：まちの中の美を愛でる（p.75）

1971年、山梨県生まれ、東京都在住。フリーランスのフォトグラファー。2017年に田畑や漁港、住宅街の片隅にひっそりと建つ小屋の魅力に取りつかれ、以来全国各地を巡っている。これまでに1200軒ほどの小屋を撮影。noteやツイッター、インスタグラムで情報を発信している。

好きになったきっかけ▼秋田県三種町のじゅんさい畑の脇に建っていた、暖を取るためのトタン造りの休憩小屋（中央写真）に出会ったのがきっかけです。決して目立たないけれども、働く人を支える脇役的な潔さに惚れました。

魅力を感じる点▼簡素なのに、どれも個性的なところ。たとえボロくなっても、農家や漁師の道具を守るという役割をきちんと果たしているところ。江戸時代の浮世絵に描かれた小屋と現代の小屋を見比べても、材質は違えど造りはあまり変わっていません。働く人々を支える小屋が、時代を超えて普遍的である点も魅力のひとつです。

マイルール▼個人の所有物なので敷地内には立ち入らない。小屋には触らないようにしながら、全体や細部を観察し、中に何が収納されているのかを想像して楽しみます。

活動時の「3種の神器」▼①Googleマップとストリートビュー。小屋のリサーチと、訪れた場所の記録。／②カメラ。小屋の写真を撮る。／③筆記用具。その場に所有者がいたときに、可能ならお話をうかがっています。その時のメモ用。

はじめての人が楽しむ3ポイント▼①立地＝なぜそこに建っているのか、用途は何かを、周囲を観察しながら推理して楽しむ。／②佇まい＝建物の構造や壁の色、経年変化による傾きやサビなどを楽しむ。／③細部＝家の柱やドアなどの廃材、トタンや木の枝など、様々な材料が使われているので、その意外性や共通点を見つけて楽しむ。

好きなまち・おすすめのまち▼古くからある小さな港町、特に大型漁船の入れない複雑に入り組んだ海岸線の漁港がおすすめ。／近くにバイパスが通ったことで、交通量の減った旧道沿いの集落。／東京の日本橋や銀座界隈でも裏道に入り込むと、古いビルの屋上に物置小屋が建っていることがあります。都市部では上を向いて小屋探しです。

アウトプット方法とそれによる変化▼SNS投稿、ZINE、記事執筆、イベント出展。マニアフェスタへの出展やSNSへの投稿を通し、仕事やプライベートでは知り合えないマニアとつながることができ、多様な視点を持てるようになりました。また仕事先で「小屋の写真を撮っている人」と認知され、面白がってもらえています。

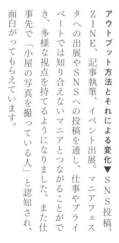

カラーコーンは、コミュニケーションツール

カラーコーンマニア　おかだゆか

関連 TYPE7：物語を空想する

日常探検家。東京生まれ。2012年頃、大学在学中に路上にあるカラーコーンにハマり、「からーこーんから」としてツイッターにて発信。「日常探検LABO」として、なんでもない日常の中で、様々な視点をもちながら探検していくための実験室を子ども向けに行っている。

好きになったきっかけ▼テーマを決めてツイッターに投稿するという大学の授業がきっかけです。まちにあるものを撮影してみると、カラーコーンの多さに気がつきました。ボロボロになっても頑張っている立ち姿に惹かれ、ハマっていきました。

魅力を感じる点▼カラーコーンは日本中どこでも出会えます。所有者に忘れ去られたカラーコーンは、目立たない存在へと変化します。そんな朽ち果てて、役に立っていないカラーコーンに惹きつけられます。感情移入してみると、同じカラーコーンでも元気に見えたり、不機嫌に見えたりさまざまです。

マイルール▼あえて「探す」ことはせず、日常にあるふとした「出会い」を大切にする。

活動時の「3種の神器」▼①携帯電話（カメラ）。カラーコーンを探さずに、出会うのがちょうどいいので、携帯のカメラで記録しています。場所が分かるように位置情報も連動させておきます。／②写真加工アプリ。大幅な加工はしませんが、見えた通りになるように色などを調整します。／③カラーコーンを気にする落ち着いた心。心に余裕がないと、まちなかのカラーコーンを見落としがちになってしまうので、いつも心にカラーコーンを！

はじめての人が楽しむ3ポイント▼①出会いは、一期一会。ずっといるとは限らない！ビビッときたら撮影しておこう。／②撮影する時には、慎重に。意図があり存在している！決して触らないこと。／③気張らず日常で見つける。思い出したら探してみるのが続けていくコツ。

好きなまち・おすすめのまち▼新宿。人に忘れ去られたけれども、頑張っているカラーコーンに出会えます。／代官山。蔦屋書店の近くに１８０㎝の白色で大きなカラーコーンがあり、存在感がクール。まちに合った白くおしゃれなカラーコーンに出会えます。／武蔵小山。全長８００ｍのアーケード商店街があり、長年使用されているカラーコーンに出会えます。

アウトプット方法とそれによる変化▼ツイッター、インスタグラム、ＺＩＮＥ、ラインスタンプ、ワークショップなど。発信し続けることで、おもしろがって声をかけてくれる人が増えました。今まで見逃していたカラーコーンが目に入るようになったよ！と言われる機会が多く、嬉しくなります。

鉄塔は、情緒

鉄塔マニア　加賀谷奏子（鉄塔ファン）

関連 TYPE5：まちの中の美を愛でる

「鉄塔ファン」として、13年ほど前から鉄塔をたどり、写真を撮影。鉄塔の魅力を一般の方にも伝えるために、漫画やイラストを盛り込んだ冊子を作ったり、日常使いできるグッズを制作。本業はイラストレーター・デザイナー。電気新聞にてコラムを連載中。

好きになったきっかけ▼通学路に鉄塔があったので、幼い頃から気になっていました。好きだと気づいたのは高校～大学生のあたりで、その頃から写真を撮り始めました。冊子を作り始めたのは大学の卒業制作がきっかけです。

魅力を感じる点▼ずばり、大きくてかっこいいところ。また、ひとつひとつ環境に合わせて設計されているため、2つとして同じものがないところが人間らしく、魅力を感じるポイントのひとつです。

マイルール▼鉄塔を見に行く時は、できるだけ真下まで近づくようにしています。写真は真正面からと、斜め40度くらいの角度から撮るようにしています。

活動時の「3種の神器」▼①スマホ（地図アプリ）。Googleマップやyahooマップなどの地図アプリで、事前におもしろい鉄塔がないかリサーチします。／②カメラ。冊子などに使えるように、できるだけ一眼レフやコンパクトデジカメなどで撮影するようにしていますが、スマホでも撮影します。／③車。歩いてたどることもあるのですが、気になる鉄塔を探すためにはとにかくドライブします。たまたま見つけた鉄塔が変わった鉄塔だと、ものすごく嬉しいです。

はじめての人が楽しむ3ポイント▼①鉄塔の脚元に行ってみる。近くでみる鉄塔は大迫力です。／②4本の足の下に入れる場合は入って見上げてみる。／③本物の鉄塔だけでなく、Googleマップの航空写真上で鉄塔をたどってみるのもおすすめ。

好きなまち・おすすめのまち▼人が住んでいるところならどこにでもあるのが鉄塔なので、全国各地に好きな鉄塔が点在しているのですが、強いていうならたくさんの鉄塔がある首都圏周辺です。散歩するだけで個性的な鉄塔に出会えるので。

アウトプット方法とそれによる変化▼撮りためた写真はインスタグラムに投稿。ある程度ネタがたまったら、冊子を作っています。また、電気新聞でコラムを掲載しています。アウトプットにより多くの方から反応をいただけ、活動のモチベーションにつながっています。また違うジャンルの方々との交流を通して、アウトプット方法のヒントを得られることが多いです。ゴムホースマニアの中島由佳さん（145頁）、電線愛好家の石山蓮華さん（124頁）と3人でイベントなどを実施できたのも、活動を始めてからの大きな変化でした。

ガラスブロックは、まちの宝石

ガラスブロックマニア
ガラスブロックマニアック

関連 TYPE5：まちの中の美を愛でる

2017年、かねてから気になっていたガラスブロックの観察とインスタグラムへの投稿を始め、5年間で約2500枚を撮影。ZINEやグッズを作成し、マニアフェスタ出展、雑誌への寄稿などを行う。ガラスブロックの少し懐かしい魅力を発信するため、また昔どこかで見たような風景や記憶をたどる手がかりを作れるよう日々活動中。

好きになったきっかけ▼もともとまちの変なモノを探すのが好きだったのですが、四角いガラスの壁を見つけるたびになぜか心に引っ掛かるなと感じていました。それが「ガラスブロック」という名前だと知り、記録を残したいと思って活動を始めました。

魅力を感じる点▼様々なタイプがあり、場所や時間帯によってそれぞれ異なった表情を見せるところ。ガラスブロックを用いた建築は、佇まいが素敵なことが多い点にも魅力を感じています。

マイルール▼偶然の出会いを大事にする。目当ての建築を目指して撮りに行くこともありますが、まちを歩いて見つけるのが基本です。発見したら、できる限り寄りと引きで撮影しています。

活動時の「3種の神器」▼特にこれといったものはないのですが、ずっと使っているのはROLLBAHNの手帳。まち歩きやガラスブロックについての発見やアイデアを記録しています。ページをたどれば時系列も分かりやすいので、残したいメモはアナログ派です。

はじめての人が楽しむ3ポイント▼①まずは普段よりゆっくりまちを歩いてみることです。／②次に、ガラスブロックを見つけたら近づいたり少し離れたりして観察しましょう。／③最後に、直感を大切にすることです。いいと思った最初の印象を忘れずに、観察とまち歩きを楽しみましょう！

好きなまち・おすすめのまち▼繁華街の隣の駅やまちが好きです。渋谷だったら神泉、新宿なら代々木、大久保など。賑やかさを残しつつ、通りを一本入れば静かでゆっくり歩ける点が好きで、そうして歩いていると案外ガラスブロックも見つかるものです。

アウトプット方法とそれによる変化▼ＳＮＳへの投稿、ＺＩＮＥやグッズ（缶マグネット、ミラー、ルービックキューブなど）の作成。まちをそれぞれの視点で観察するマニアの方々を知り、視野が広がりました。ＳＮＳの投稿に反応があるので、まち歩きと生活に張り合いが出ました。また友人からガラスブロックの写真が送られてくるようになりました。

まちのチャーミングは、生活のスパイス

まちのチャーミングマニア　木村りべか

関連 TYPE4：DIY的な営みを見つける（p.60）
ケーススタディ（p.178）

アーティスト。2009年から路上観察を始める。「植木鉢」や「切られた木」、「家はガムテープで直せる」など、生活がキュートにあらわれている事象を「まちのチャーミング」と呼んで撮影している。個展：「いきかつ」（2018、新宿眼科画廊）、受賞：3331アンデパンダン　スカラシップ賞（2014）／写真新世紀　佳作（2011）

好きになったきっかけ▼植物が枯れかけた植木鉢を見つけた時、それを置いた当初のいい思い出がじんわり伝わってきて、気になり始めました。まちの人が生活を豊かにしようと試行錯誤している様子が愛しいと思うようになり、撮り集めています。

魅力を感じる点▼誰かの生活の積み重ねで作られた、奇跡的な光景との出会いを楽しんでいます。まちの中にはいろいろな人がいて生活をしている、当たり前だけど気づけなかったことを体感できます。そのまちと親しくなれる感覚が好きです。

マイルール▼「徒歩」と「勘」に頼る。とにかく歩いて、気になるものがあれば写真に撮る。

活動時の「3種の神器」▼①カメラ。スマホは、最近は画質も充分だし、気になったものをすぐ撮影できる。一眼レフは気合を入れて撮影するとき用。／②Googleマップ。いい道探しと帰り道の迷子対策。気になったものはピンを打っておくと後日訪れられる。／③勘。

はじめての人が楽しむ3ポイント▼①家の周辺を歩き潰してみる（別の場所でも◎）。いつも通らない道をあえて歩いてみる。／②テーマを設定する。撮りたい対象を決めると不思議と目に入ってくる。／③定点観測。物の置き場所や動植物の様子など、時間軸のおもしろさもある。

好きなまち・おすすめのまち▼東京・平井。いい意味で〝何もないまち〟。歩いてみるとチャーミングであふれてる。

アウトプット方法とそれによる変化▼SNS投稿、ZINE、写真展。アウトプットは、グループ展の開催、まち歩きなどにつながりました。

旧町名は、幻町名

旧町名マニア
旧町名をさがす会 102so《じゅうにそう》

関連 TYPE3：まちの歴史に注目する

2006年から東京都内の旧町名をさがし始める。2010年からは発見した旧町名を紹介するブログを始め、現在の公開数はおよそ800。著書に『旧町名さがしてみました in 東京』（二見書房）。

好きになったきっかけ▼学生時代に配達のアルバイトをしていた時、配達先で現在の町名「文京区湯島」「文京区向丘」とは異なる「文京区湯島新花町」「文京区駒込追分町」という町名を見かけました。そこで「旧町名」という概念をはじめて認識しました。

魅力を感じる点▼様々なまちで次から次に旧町名が見つかり、その種類の豊富さと名前の個性、消滅しているはずなのに人知れず同じ場所で生き続けている儚い光景に情が移り、いつしか自分が彼らを見つけなければという使命感が生まれました。

マイルール▼訪れる地域に迷惑を掛けないことに尽きます。まず自らを不審者と自覚するところから。そして旧町名を残していただいている、旧町名を探させていただいているという感謝の心を常に持つこと。

活動時の「3種の神器」▼地図アプリの「東京時層地図」。①「高度成長期前夜」で高度成長期と現在の地図の差異を確認することを基本に、高度成長期以外に消滅した旧町名の場合はさらに②「バブル期」、③「関東地震直前」を組み合わせています。

はじめての人が楽しむポイント▼あなたが旧町名だと思ったらそれはもう旧町名です。町内会名や電柱の鑑札、建物名など、まちにある全てが旧町名であると思って差し支えありません。探す際には目的を持ってまちを歩いてはいけません。自然にまちを歩いていて偶然発見できた状態が、最も楽しさとやりがいを感じることでしょう。

好きなまち・おすすめのまち▼中野区の中野駅周辺。現在の町名は「中野」「中央」、一方で旧町名は「中野駅前、囲町、桃園町、打越町、天神町、文園町、昭和通、城山町、千光前町、宮園通、橋場町、上町、仲町、宮前町、塔ノ山町」。現役町名時代に掲げられていた媒体を通じて、個性的な旧町名と現在の町名とのギャップを体感でき、楽しいです。

アウトプット方法とそれによる変化▼①発見した際にSNSでリアルタイムに記録する／②ブログに記録する／③定期的に生存を確認しに行きSNSで生存報告を投稿する　この③を以後繰り返すことで人生の貴重な時間を消耗し続けることが可能です。おそらくこれは私の妄想ですが、旧町名という概念を意識してまちを歩く人が増えました。今後も自己責任で節度を持ってお楽しみください。

電気風呂は、銭湯界のミステリーゾーン

電気風呂マニア　けんちん

関連 TYPE8：まちを舞台にする（p.109）／第3部（p.169）

銭湯電気保養協会副会長。電気風呂鑑定士。電気風呂を日本全国800ヶ所以上訪問し電浴。「ゲタバキ団地」好きでもあり、新聞・雑誌・ウェブメディア等への団地関連の寄稿多数。人生の中で少し得することをいろいろな人とシェアするのが生きがい。大阪にて異業種趣味交流イベント「別世界Bar」を開催。大阪YES-fm「日本列島カルチャー倶楽部」パーソナリティ。

好きになったきっかけ▼以前、仕事で腰を痛めました。整骨院で電気治療していたのですが、なかなか改善しませんでした。その際、銭湯に電気風呂があったことを思い出し、毎日通っているうちに腰痛が軽減されたため、ハマりました。

魅力を感じる点▼文明開化の頃から存在しているにも関わらず、専門的な文献が少なく、聞き込みや古文書探索などフィールドワークすることにより、様々な新事実を見つけることができることです。

マイルール▼看板や電極板の見た目にとらわれず、電流の流れを身体で感じて、電気風呂本体のメーカーがどこかを考えるようにしています。また、可能な限り、銭湯の人から電気風呂を設置した経緯を聞くようにしています。

活動時の「3種の神器」▼①お風呂道具セット。タオルや石鹸など。入浴には欠かせません。／②スマホ。銭湯外観の写真撮影や入浴後の電気風呂メモの作成。／③手土産。銭湯の方にインタビューする際には御礼を込めて、欠かせません。

はじめての人が楽しむ3ポイント▼①電流の強さが弱いところから試してください（銭湯電気保養協会の電気風呂マップを参照ください！）。／②看板や電極板など、見えている部分の違いを観察ください。／③電浴に慣れてきたら、電流の波形を考えて入ると、より楽しめます。

好きなまち・おすすめのまち▼京都です。政府に認可された最初の電気風呂があるまちであり、現存しているアナログ式電気風呂の起源である装置を考えた人が電気技師をされていたまちだからです。

アウトプット方法とそれによる変化▼①電気風呂の強さを定期的にSNSで発信し、ある程度まとまると銭湯電気保養協会「電気風呂マップ」にアップし、情報蓄積しています。／②銭湯のZINEを刊行しています。／③毎週コミュニティFMの番組で電気風呂情報を発信しています。

銭湯や電気風呂メーカーの方と知り合い、裏側の話をいろいろとヒアリングできる機会が増えました。銭湯がリニューアルされる際、電気風呂が新規設置される場面が増えた気がします。

室外機は、愛すべき人類の相棒

室外機マニア　斎藤公輔（NEKOPLA）

関連 TYPE4：DIY的な営みを見つける

ライター／ガジェット作家。1983年徳島生まれ。2007年頃より、エアコン室外機と配管の観察を始める。日常的すぎて誰も気にしないモノに気付いていきたい、というのをモットーに、日々まちを徘徊する。「デイリーポータルZ」などで記事を執筆中。寄稿書籍に『街角図鑑 街と境界編』（三土たつお編著／実業之日本社）など。

好きになったきっかけ▼電器店で、エアコンの設置工事を手伝っていました。毎日いろんな家庭に設置しているうち、置かれた場所によって違った表情を見せる室外機の佇まいに強く惹かれていきました。

魅力を感じる点▼画一的な工業製品なのに、周囲の状況によって個性が生まれるところ。たくさんの植物に囲まれた人気者や、建物の陰に隠れた恥ずかしがり屋など、つい擬人化して見てしまいます。

マイルール▼できるだけ周囲を広く見回し、風景全体を俯瞰して見ることです。室外機は地上だけでなく、屋根の上などの高所にあることも多いので、いろんなところに視線を向けるようにしています。

活動時の「3種の神器」▼①片手に収まるサイズのデジカメ。見つけた瞬間の様子をそのまま記録したいため、常に右手にスタンバイしておいて、一瞬で撮影。／②GPSロガーアプリ。位置情報を記録しておくと、あとで撮影場所が分かるので便利。／③Apple Watch。夢中になって歩きすぎないように、移動距離と経過時間を見ながら散歩しています。

はじめての人が楽しむ3ポイント▼①繁華街に行ってみる。ゴチャゴチャしている場所にある室外機は、ワイルドな見た目になっていることが多くおもしろいです。配管も複雑に入り組んでいる場合が多いので、一緒に観察するのがオススメです。／②情景を愛で観察します。室外機単体ではなく、周囲の様子とセットで観察します。きっと、ジオラマにして飾りたい！と思うような素敵な情景にも出会えるはずです。／③メーカーや形状を気にしてみる。滅多に見かけないメーカーや、特殊な形状のレア室外機の存在に気付いてくると、それらを探し出す楽しみも生まれます。

好きなまち・おすすめのまち▼大阪環状線の沿線。まちの密度が高いため、室外機も密集しています。古いまち並みも多く、年季の入った室外機も多く見ることができます。

アウトプット方法とそれによる変化▼SNS、ZINE、記事執筆、写真展など。SNS発信やZINE発行がきっかけで、書籍や雑誌への寄稿、写真展開催などのお声がけをいただきました。またZINEを販売するイベントに参加することで、同じような趣味を持つ人たちと多く知り合うことができました。

電飾は、サイバーな未来への架け橋

電飾マニア　サイバーおかん

関連 TYPE8：まちを舞台にする

日本を「サイバー」にするサイバーアーティスト。2020年には、身に着けるネオン管「セオイネオン」を考案。世界ではじめて本物のネオンを身に着けた人となる。昔から変わらずまちを照らし続けるネオンサインや電飾看板から「サイバー」な懐かしい未来「オールドフューチャー」を見出す。

好きになったきっかけ▼自分では全く意識していなかったのですが、大阪生まれ大阪育ち、遊技機（パチスロ、パチンコ）デザイナーを20年していたと言うと、それを聞いた人たちは私の電飾好きに納得してくださいます。

魅力を感じる点▼私の好きな電飾は昔ながらのネオン管や、古くから使われている電飾看板が多いのですが、昔から変わらず同じ場所でまちを照らし続ける光に、生き物のような健気さ、生命力を感じます。

マイルール▼見つけたら撮ってすぐにSNSで共有。アツいうちに出す！古いネオン看板は次に通りがかった時にはもうLEDに変わっているかもしれない……という危機感から、気になったものはその場ですぐに共有したい。

活動時の「3種の神器」▼①カメラ。SNSにすぐにアップするのでスマホカメラで撮ることがほとんど。／②目薬。電飾ばかりみているとちょっと目が疲れやすいかも。／③メモ帳。ビビっときた電飾看板の文字やデザインをメモする。

はじめての人が楽しむ3ポイント▼①新しいまち並みに健気に輝く古いネオン看板がとても「サイバー」！／②LEDは直線的に光るがネオンは全方向に光る。／③管の端をみるとガスが見えてLED、ネオンの区別がつきやすい。

好きなまち・おすすめのまち▼最初に活動を始めた秋葉原が好きなのですが（まち自体の存在を含め）、電飾的には意外と渋谷が古い電飾もたくさん残っていて見どころがあります。

アウトプット方法とそれによる変化▼そのままSNS投稿をしたり、そこから感じ取ったことを独自の「サイバー」な世界観と合わせて作品を作ったり表現したりしています。「電飾」に対する興味から、その興味の元になった遊技機デザイン、「サイバーおかん」本人にも取材などを通して注目していただくことが増えました。

火曜サスペンスごっこは、地べたに這いつくばって見る世界

火曜サスペンスごっこマニア さかもツインねね

関連 TYPE8：まちを舞台にする（p.113）

2015年から死んだフリの写真を撮る火曜サスペンスごっこというものをしています。全国各地を巡り時に大胆に時にたおやかに死んだフリをします。

好きになったきっかけ▼誰もいない静かな観光地で人物撮影をしていたときにふと寝転んでみたらその写真がかわいくいい感じに撮れたのでそれ以来死んだフリで写真を撮るようになりました。普段は看護師として働いており死に触れることで生きることの尊さを噛みしめています。

魅力を感じる点▼自分の姿が背景に溶け込み1つの世界となるのがおもしろいです。また寝転がって見る空は広く美しくいつもの視点をがらっと変えてくれるのでいい気分転換になります。

マイルール▼安全安心が第一なので危険なことや立ち入ってはいけない場所での撮影はしないようにしています。衣類の統一感を出して背景になじませるためと可憐さをアピールするためにワンピースで撮影することが多いです。

活動時の「3種の神器」▼①カメラ／②三脚／③レトロなワンピース

はじめての人が楽しむ3ポイント▼①体の力を抜いて思い切り寝転ぶ。／②好きな服を着て写真を撮ることを恥ずかしがらずに！／③撮った写真を見返して次はこうしたいというイメージをわかす。

好きなまち・おすすめのまち▼今まで訪問した場所はどこも好きですが、特に好きなのは佐賀県唐津市の七ツ釜です。見事な柱状節理で、ダイナミックな岩場の火曜サスペンスごっこができます。観光客も少ないのでいくらでも写真が撮れます。少し足を伸ばして呼子のイカを食べて帰るのもいいですね。唐津の、東の浜海水浴場は穏やかな砂浜が続きこちらでも火曜サスペンスごっこができます。

アウトプット方法とそれによる変化▼SNS（ツイッター、インスタグラム）への投稿と、ときどき訪問地や火曜サスペンスごっこの裏話をブログに書いています。火曜サスペンスごっこのロケをするうち昭和ラブホテルにも興味が湧きトークイベントを開催しました。SNSを通じて一緒に撮影に行く仲間ができました。はじめての火曜サスペンスごっこに立ち会い満面の笑みで起き上がって写真を見返す様子を見ると嬉しくなります。

顔ハメ看板は、終の棲家

顔ハメ看板に自分がハマって写真を撮るマニア 塩谷朋之

関連 TYPE8：まちを舞台にする

顔ハメ看板ニスト。仕事の傍ら、ハマれる看板を求めて20年。これまでにハマった看板は4500枚以上。2015年に『顔ハメ看板ハマり道』（自由国民社）を出版。2019年より顔ハメ看板で都道府県を見つめ直す『顔ハメ百景』（阿佐ヶ谷書院）を刊行開始。顔ハメ看板に関するアプリやイベントのプロデュース、ウェブ連載など多数。

好きになったきっかけ▼転機は埼玉県への上司夫妻との旅行。ビニールハウスに壊れかけた顔ハメ看板が放置されているのを見つけ、お店の人に頼んで撮影させてもらったところ、「そんなに喜んでくれるのなら、また写真を撮れるように直すかな」と。顔ハメ看板の再生に立ち会い、のめり込んでいきました。

魅力を感じる点▼生まれては消え、消えては生まれるので、コンプリートできないところ。気軽になくなってしまうところ。顔ハメ看板を作る人のホスピタリティに触れられるところ。

マイルール▼顔ハメ看板自体が主役なので、真顔で撮る。ハマる前にお酒は飲まないというのも、それに紐付くマイルール。極力空間を埋めたいので、2人用以上の時は道行く他人に声を掛けることも。

活動時の「3種の神器」▼カメラは当たり前として、①三脚。自分自身で撮る時も、人に撮ってもらう時にも使用。記念撮影だと勘違いされて、顔ハメ看板全体を撮ってもらえないことが多いので。／②スマートフォン。都道府県ごとにGoogle顔ハメマップを作っているので、場所の確認などで必須です。／③傘。雨の時は三脚に括り付けてカメラを保護します。自分は看板と一緒に濡れます。

はじめての人が楽しむ3ポイント▼①割と適当に作られていることが多いので、なぜこういう絵柄にしたのか、なぜここに穴を開けたのか等想像してみると愉しい。／②撮りやすい場所に移動などさせない。置かれている場所も含めて顔ハメ看板なので、ハマりづらかったり、逆光だったりというのも、愉しみましょう。／③全都道府県にそれなりに存在しているので、まずは「近場の住所 顔ハメ看板」で検索。

好きなまち・おすすめのまち▼ものすごい量があるところより、それなりに散らばって設置されている中規模の県が好きです。出版した長崎、青森の他に岩手、福島、広島など。

アウトプット方法とそれによる変化▼SNS、書籍、トークイベントなど。顔ハメ看板に三脚を立て1人ハマっている行為を出版関係の方に見られて、書籍の出版につながりました。SNSの発信をきっかけに、テレビやラジオ、新聞などに取り上げていただきました。全国の都道府県について詳しくなるので、仕事上でのお客様との会話にも困りません。

まちなかには、芸術的な壁が潜んでいる…!!

アート系壁マニア　シガキヤスヒト

関連 TYPE5：まちの中の美を愛でる

アートに感じる壁を日々探し求め、狩りをする感覚で撮影。壁はよく見てみるとグラフィカルな要素が色濃く反映されており、何気ない日常生活で突然現れる。個性豊かな「壁」をこれからも狩り続けていく。

好きになったきっかけ▼ズレや歪みのないキッチリした建築の写真をきっかけに、カメラを始めました。そのことでまちを歩くことが多くなり、普段気にしていなかった壁に魅了され、壁の美しさへの視点が日々強化されました。

魅力を感じる点▼壁それぞれに個性があるように感じます。自己主張が強い特殊な壁に惹かれ、撮影を繰り返していきます。

マイルール▼「撮って出し」しないことです。ひとつひとつ丁寧にズレることのないよう補正し、ディテールや色味には、その時の空気感が出るように気を配りながらレタッチをします。

活動時の「3種の神器」▼①iPhone。撮影の機動性に優れ、位置情報も残せる必須アイテム。／②履き慣れた靴。自力で練り歩き、彷徨うので身体に負担をかけないように。／③音楽。撮影した壁をレタッチする際、その時の気分に合う音楽を聴きながら仕上げていきます。

はじめての人が楽しむ3ポイント▼①視野を広くして歩きまわる。ただし、事故に気をつけて、人様に迷惑かけないように！／②良い！すごい！美しい！といった柔軟性のある直感。／③ストレスなく自由に楽しむ。

好きなまち・おすすめのまち▼行ったことのない場所へ行くのをおすすめします。そうすれば基本的にそのまちを知らないので、新たな発見や感動があるはずです。

アウトプット方法とそれによる変化▼ＳＮＳへの投稿や、ＺＩＮＥやプリントとしてカタチに残します。グッズを制作してイベント出展することもあります。ＳＮＳへの投稿をきっかけに、良いと思った視点を共有できるのがおもしろいですね。個人的にはマニアフェスタの出展をきっかけに、マニアによる横のつながりもできて生活がより豊かになりました。

野良サインは、駅の声

野良サインマニア　ちかく

関連 TYPE4：DIY的な営みを見つける(p.57)

東京都品川区・八潮団地生まれ。2008年から、駅で見られる手作り案内表示“野良サイン”(p.57)を撮り集め始める。見たものを本のかたちにしてまとめるのが好き。

好きになったきっかけ▼中学生の頃から、駅のオフィシャルな案内表示の見た目が好きでよく眺めていました。大学生の頃「手作りの案内表示」の存在に気づき始め、こういうのって誰も記録していないのでは……？と思い写真を撮り始めました。

魅力を感じる点▼不揃いで、とても人間味があるところ。ばらつきをなくすために整備された「公式のサイン」と比べると、野良サインは、作られる動機・作り手の技術・手法・工夫・大きさ・トーン・伝わりやすさ……あらゆる要素がばらばらで、多様であるところに良さを感じます。

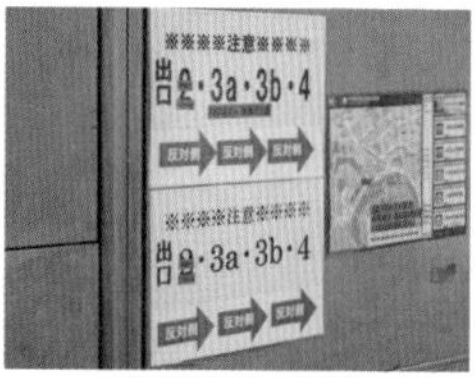

マイルール▼漫然と続けているのでマイルールは特になく「気が向いたら撮る」のが基本になっています。立ち止まる気力や元気がないので見過ごすことも多いです。一方、年1回程度「片っ端から記録しよう」というモードで出かける日もあります。

活動時の「3種の神器」▼①カメラ／②1日乗車券／③飲み水。大きいカメラも、スマホなどの小さいカメラも併用しています。1日券は酷使していると改札機が受け付けなくなることも。窓口で交換してもらえるので大丈夫。水は大事。

はじめての人が楽しむ3ポイント▼①とりあえず撮っておく／②チャームポイントを見つける／③似たものを集合させてみる「野良サイン」と一口に言っても様々。まずは「自分はこういうタイプのやつが好き」と認識してみましょう。大きいものが好き、矢印が好き、公式サインそっくりなものが好き……。似たタイプのものばかりを集めてみると、何かが見えてくるかもしれません。

好きなまち・おすすめのまち▼その時々で変化してしまうこともあり、具体的にココという場所・駅はありません。野良サインと出会いやすい場所という意味では、複雑な構造をしている駅、工事中の場所、のりかえ専用改札……などです。

アウトプット方法とそれによる変化▼ツイッターへの投稿、同人誌の作成、グッズの作成、サイトでアーカイブ公開など。作り手側との関わりが間接的・直接的どちらも発生しました。作った同人誌が、そこに載っている野良サインを作成した人の手に渡って直接お話ししたり。交通サイン業界の人に「野良サイン」という言葉がいつの間にか認知されていたり。

ゴムホースは、無意識にできたアート

ゴムホースマニア　中島由佳

関連 TYPE5：まちの中の美を愛でる
TYPE7：物語を空想する（p.97）／第3部（p.171）

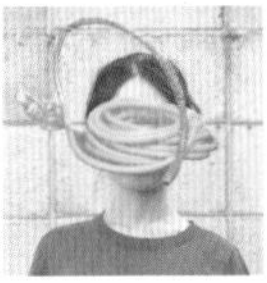

写真家。
会社員として働きながらゴムホースを10年撮影しています。

好きになったきっかけ▼私がカメラを始めた時代がフィルムからデジタルカメラへの移行期間で、「カメラ女子」という言葉が出始めた頃でした。みんなが写真を撮るなら、誰も撮っていないものを撮ろう！と思い、いろいろ探しているうちに出会いました。

魅力を感じる点▼芝生やコンクリートに広がる蛍光色の線が、ドローイングの線のようでかっこいいと思います。世界中にあるというところも魅力です。

マイルール▼見つけたら、撮る！シンプルが一番。

活動時の「3種の神器」▼①スマートフォン／②歩きやすい靴／③動きやすい服装
※長く続けるためには無理をしないことが重要！

はじめての人が楽しむポイント▼まち、海、学校、駐車場など場所によってどんな形か、どんな使われ方をしているか観察してみるとおもしろいかもしれません。

好きなまち・おすすめのまち▼東京・曳舟の住宅地！かなり多くのゴムホースがあります。

アウトプット方法とそれによる変化▼撮影した作品は主にインスタグラムで発表していますが、時々展示会で発表したり、グッズの販売をしています。また、海外のデザイナー志望の学生さんに作品集も作ってもらいました。メディアに取り上げられて、家族の理解が得られました。職場で噂が流れ、私の知らない人が私のことを知っていたりします。

松田ペット看板は、現代アート

松田ペット看板マニア　新稲ずな

関連 TYPE4：DIY的な営みを見つける

2015年に東京から新潟県長岡市に移住。そこで見つけた地元ペットショップ「松田ペット」の看板にハマり収集・発信の活動を行っている。これまで発見した看板は200枚以上にのぼるが、看板の新作が発表され続けるため追いついていない。その魅力を広めるべく解説付き写真集『例の看板フォトグラフコレクション』を刊行。

好きになったきっかけ▼松田ペット看板は新潟県長岡市に異常にたくさんある広告看板です。移住後半年ほどは「よくある田舎の看板」だと思って全く気にしていませんでしたが、1枚1枚が手描きでひとつとして同じものがないということを知ってから、気にせずにはいられなくなりました。

魅力を感じる点▼まずは画の強さ。そして「人は意識している・していないで、こんなにも認知能力に差が出る」という気付きを与えてくれること。比べてみれば驚くほど絵が違うのに、意識しなければ同じ看板に見えてしまうバランスが奇跡。

マイルール▼看板は古くなると新作と交換されたり、設置されている建物ごと取り壊されて消えることがよくあるので、日々の出会いを大切にしています。いいなと思ったら後回しにせずすぐ撮影します。

活動時の「3種の神器」▼①移動手段としての車／②撮影手段としてのカメラ／③大切なのは運転係を務めてくれる家族です。撮影スポットは郊外の農地や住宅地が多く、1人で探索しているとよそ見運転になってしまうので、ツーマンセルが理想の探索方法。

はじめての人が楽しむポイント▼長岡市は広いのでやみくもに看板を探しても意外と出会えなかったりします。頻出地域やありそうな雰囲気、建物の特徴を予習しておくことをおすすめします。ここには書ききれないので、ツイッターで調べたり、差支えなければ拙著をご覧ください。

好きなまち・おすすめのまち▼松田ペットの店舗がある「長岡市大島地域」です。JR長岡駅からバスで行けますので、まずは総本山「松田ペット」さんを訪れましょう。農地にあることが多い松田ペット看板ですが、この地域では例外的に市街地でも見ることができます。

アウトプット方法とそれによる変化▼ツイッター投稿、ZINE作成、最近は記事執筆や市民講座なども行っています。ZINEは松田ペットさんや市役所の方にご好評をいただくことができ、公認での活動や長岡市のPR活動の一環としてご協力させていただくことが増えました。これからも長岡市の特色のひとつとして発信できればと思っています。

ドボクは、地域を映す鏡

ドボクマニア　八馬智

関連 TYPE2：まちのミステリーを推理する／TYPE4：DIY的な営みを見つける／TYPE5：まちの中の美を愛でる／ケーススタディ（p.178）

1969年千葉県生まれ。千葉工業大学創造工学部デザイン科学科教授。専門は景観デザインや産業観光など。都市鑑賞者としてまちの見方を模索しながら、様々な形で土木の魅力を伝える活動をしている。著書に『ヨーロッパのドボクを見に行こう』（自由国民社、2015）、『日常の絶景』（学芸出版社、2021）がある。

好きになったきっかけ▼かつて土木構造物の設計業務に携わっていたことで、寡黙にまちを支えている各種のインフラストラクチャーの存在や役割を知るようになり、それまで目にしていたのに見えていなかった風景を観察できるようになりました。

魅力を感じる点▼意識できないレベルにまで日常の風景に溶け込んでいる「分かりにくい」対象を、あえて見ようとすることで、社会に埋め込まれてきた人々の創意工夫を読み解くことができる点です。

マイルール▼横目で見て気になったものがあれば、勇気を出して引き返す。そして、なんらかのコメントを考えながら、多角的に写真を撮るという行為を繰り返すことで、観察の精度を高める。

活動時の「3種の神器」▼画像を収めるデジタルカメラを持ち歩き、即時的な印象をツイッターによって記録し、多少考えたり調べたりしたことをブログによって定着させています。自分の記憶を補完するために、デジタルツールを有効に使っています。

はじめての人が楽しむ3ポイント▼①なんでこうなっているのかと思いを巡らせる／②時間や空間のスケールを変えて捉え直してみる／③アナロジーを用いて置き換えてみる。これらを繰り返すことで、その背後にあるシステムが見えてきて、本質を捉えやすくなります。

好きなまち・おすすめのまち▼スケールの大小にかかわらず地形の変化があるまちは、ドボクの存在が思わぬ形で露出することがあります。その際の課題の解き方のバリエーションが豊かになるので、鑑賞していて楽しくなってきます。

アウトプット方法とそれによる変化▼SNS投稿、書籍、記事執筆、トークイベントなど。SNS投稿を繰り返すことで自分の観点が強化されるとともに、多少なりとも人目に触れるきっかけとなり、人のつながりが生まれました。そして、書籍の執筆や講演などの社会的活動にも結びつきました。

落とし物は、人生ドラマ

道に落ちているもの（落ちもん）マニア　藤田泰実

関連 TYPE5：まちの中の美を愛でる
TYPE7：物語を空想する（p.102）／ケーススタディ（p.178）

落ちもん写真収集家。道に落ちているものを「落ちもん」と呼び、ポケモンを集めるかのごとく写真を撮り、そこから感じる人間の余韻や状況から妄想し、タイトルやストーリーをつけて愛でている。2014年から写真を撮り始め、現在は2000枚以上の写真と約100話の妄想ストーリーがある。ラジオ、テレビ、雑誌などのメディアに多数出演。

好きになったきっかけ▼まちで足元に落ちた醤油パック6袋を見て、欲張った誰かの余韻を感じました。仕事が過酷だった当時、キラキラしたものより、誰にも気づかれない落とし物の方が魅力的じゃないかと、光を浴びない自分と照らし合わせていました。落とし物は誰かの人生ドラマの一端だと感じ、タイトルとストーリーをつけるようになりました。

魅力を感じる点▼出会ったことのない人の人生に触れられる点、人間の本性や裏側が滲み出ている点。ストーリーを作る時は、「人生いろいろあるけど、今日も頑張りましょう」という気持ちで、自分の失敗談を折り込みながら「少し笑える切なさ」を加えます。

マイルール▼①落とし物でもゴミでも、心が動いて妄想スイッチが入れば「落ちもん」。／②真俯瞰か真横から撮影し、スクエアでトリミング。主観は入れず、誰でも自由に妄想できる余白を残しています。／③絶対触らない。触ってしまえばそれは他人の人生を演出してしまうことになります。（財布や携帯は警察に届けます。）／④妄想ストーリーとタイトルをつける。どこをおもしろいと感じたか整理でき、他の人におもしろさを共有しやすくなります。

活動時の「3種の神器」▼①携帯電話。一期一会なので、携帯電話のカメラでの撮影が多いです。／②メモ帳や手帳。撮影場所の情報や、思い付いた妄想ストーリーなどをメモしておきます。／③勇気。人の目を気にしすぎないで、撮ってみましょう。

はじめての人が楽しむ3ポイント▼①人が集まる駅や飲み屋街、駐車場などの隅っこは、遭遇率が高いです。／②落ちているものと地面の構図を楽しむ。地球の一部を切り取る気持ちでトリミングしましょう。／③周りの状況やまちの雰囲気、どんな人が多いかを見回すと、妄想のヒントになるかもしれません。

好きなまち・おすすめのまち▼新宿、赤羽、大宮、渋谷。飲み屋が多く人の流れがあり、表と裏が感じられるまちは、妄想が膨らみおもしろいです。

アウトプット方法とそれによる変化▼SNSに投稿、個展、ZINE、メディア出演。村田あやこさん（152頁）とSABOTENSを結成。月1回、お散歩記事を連載しています。イベントに参加しマニアの方々と知り合えました。落ちもんつながりでの出会いが仕事にもつながりました。

珍スポットは、生きざまが具現化した空間

珍スポットマニア　松澤茂信

関連 TYPE1：まちのレアものを掘り当てる
TYPE2：まちのミステリーを推理する(p.39)

東京別視点ガイド編集長。珍スポットマニアとしてちょっと変わった観光地や飲食店を追い求め、日本全国のみならずアジア各国の珍スポット1000ヶ所以上を巡り歩く。珍スポットの館主さんたちの静かで熱い生きざまが大好き。

好きになったきっかけ▼「変わったサービスを実施するお店を経営したい」という想いがあり、リサーチも兼ねて、あちこち珍スポットを見てまわったら、世の中にはとんでもなくおもしろい店と店主にあふれかえっていて、すぐに好きになりました。自分1人が1つの変わった店をやるよりも、今存在している無数のおもしろい店を紹介したほうがいいなと巡り歩き、ブログで紹介するようになりました。

魅力を感じる点▼一日一日の熱狂と煩悶の積み重ねにより、常人には生み出せない独自の空間を作り出していること。はたからみれば無意味にも無価値にも見える、一歩一歩の蓄積が、全ての生き方を肯定してくれているように感じます。

マイルール▼店のルールに従う。どんな状況でも能動的におもしろがってみる。ツッコミを入れる時もリスペクト半分。

活動時の「3種の神器」▼①体力。1日3～4件巡るので体力が必要です。／②マンガ喫茶。3ヶ月間で日本一周しながら珍スポット巡りした際は、マンガ喫茶に80泊以上しました。／③車を出してくれる友だち。辺鄙な場所にあるスポットが多いので、車がないと巡れる数が減ります。

はじめての人が楽しむ3ポイント▼①受け身で楽しませてもらうのではなく「能動的に、このスポットを絶対に楽しむのだ」と決意する。／②いつなくなってもおかしくないから、行きたいとおもったら、すぐ行く。／③地元の「気になっているけど、今後絶対入りそうもない店」に飛び込んでみる。

好きなまち・おすすめのまち▼伊豆半島。とにかく超ド級の珍スポットが多い。最高。

アウトプット方法とそれによる変化▼おもにブログ(東京別視点ガイド)。最初は執筆スキルがなかったので、ひどい文章でしたが、とにかく数をこなすのが重要だと思ったので、反応がなくても気にせず投稿を続けていました。その後、ライブドアのブログ大賞に選ばれ、けっこうな額の賞金をもらいました。それを機にブログのアクセス数が伸び、Googleアドセンスで広告料もそれなりにもらえるようになり、ブログだけでなんとか生活できるようになりました。その後はブロガー&ライターとして数年活動し、今は珍スポット活動の延長として、会社経営するようになりました。

信条は「暗躍と便乗と身軽さ」

マニアのマニアによるマニアのための
アパレルマニア　マニアパレル

関連 TYPE5：まちの中の美を愛でる／第3部（p.173）

「ニッチマニアのために勝手に作り続ける」をスローガンに、0.15世紀に渡り主宰BAD_ON（バドン）が極地的に興味あるドボク、インフラ、インダストリアルなモチーフをグッズ化するブランド。DVD『団地日和』『東京ビルヂング』、書籍『いいビルの世界』。団地在住、団地妻アリ。タモリ倶楽部は団地回に出演。本業は会社員。

好きになったきっかけ▼団地とかテトラポットとか「可愛いよねー」とか話しても「???」という顔をされる日々が続き、どうにかその可愛さとか愛おしさを共有できないかと苦心してました。やがてインターネットが普及してきて検索してみると「どうも好きな人いるっぽいぞ」と感じるようになりました。

魅力を感じる点▼団地・ダム・炭鉱・マンホール・テトラポット・レトロ自販機……そっけないモノ、目的や機能のために存在すべきカタチをしてるモノを愛おしく思います。

マイルール▼自分が好きなもの、興味のあるモチーフしか作らない。いや「作れない」が正しいですね。愛情を注げないと、どこに魅力があってどう見せればカッコイイか思いつかなくて作れない!です。

活動時の「3種の神器」▼いかにもPCで作りましたっていうパキッとしたデザインは嫌で。流出した機密文書やマイクロフィルムを複製したようなザラッとした質感を表現してます。手間がかかるんですが、いったんIllustratorで作ったデータをPhotoshopに移してピントをぼかしたりしてます。

はじめての人が楽しむポイント▼人工物なほど、脳内擬人化すると感情移入しやすいです。猛獣は撫でて愛せないけど、ぬいぐるみ化されると家に置いとけるし戯れて遊べるじゃないですか。あぁテトラポットは家に置けないけどクッションにすればいいんだと!それが「テトぐるみ」につながりました。

好きなまち・おすすめのまち▼行ったことないまちは大概好きです。「何もない」というまちは「それ自体がもうおもしろいじゃん」と思うし、「廃れてる」としたらお宝。繁栄の残り香なんて感じてしまった日には心震えます。沖縄の離島で標準型団地を発見した時は感動しました。「おまえこんな地の果てでも同じ建物なんだな」って。

アウトプット方法とそれによる変化▼Tシャツやパーカ、トート、手ぬぐい、ぬいぐるみ……。マニアな人たちにとって、共通の話題で話せる人に出会えると本当に嬉しいんですよね。マニアパレルのアイテムがマニア同士をつないでくれると嬉しいです。好きを拗らせて作っちゃったモノに対して共感してもらえる嬉しさ・共有できる尊さを日々感じております。愛用者さんたちのコミュニティもできました。

野良イスは、哀愁

野良イスマニア　Mr.tsubaking

関連 TYPE4：DIY的な営みを見つける

バス停などに誰かが置いていったオフィシャルではない屋内用のイス。どこかの家のダイニングやどこかのオフィスで活躍したのち、「第二のイス生」を送るイスたちを「野良イス」と名付けて写真を撮るようになる。現在までに捕獲した野良イス写真は300枚（500匹）以上にのぼる。

好きになったきっかけ▼あるバス停に置かれたいくつかの野良イス。ダイニング用やオフィスチェアなど、様々な来歴のイスたちが同じ場所に集まり、地域の人の足を休めることに役立っている健気さに心打たれた。

魅力を感じる点▼屋内用に作られたにも関わらず、雨風に打たれながらもそこにある姿。往時は会社でバリバリ働いていた男性が、定年後に不慣れなアルバイトを健気に頑張っている様子に見え、哀愁たっぷりの魅力を感じます。

マイルール▼野良イスの3大定義は次の通りです。

・「屋内用」のイスである
・「捨てイス」ではない
・「飼いイス」ではない

本来と別の用途で、捨てられているわけでなく使われようとしているものが野良イスです。

活動時の「3種の神器」▼①捕獲と呼んで持ち帰るわけにはいかないので、写真を撮るための「スマホやカメラ」。／②マップに載っているわけではないので、どのくらい探せば見つかるか分からないため「時間」。／③そして本来はバスで移動するルートを歩くので「体力」。

はじめての人が楽しむ3ポイント▼①その野良イスがここにくる前に、どんなイス生を過ごしてきたか想像すると切なさがこみ上げます。／②「野良イスを1匹見かけたら、その通りに20匹は居る」ので、次のバス停まで歩いてみましょう。／③バス通りなので車に注意。

好きなまち・おすすめのまち▼杉並区高円寺の南側は、野良イスの大量発生地帯です。また北区（東京都）十条は、バス停以外にいる野良イスがたくさん見つけられます。

アウトプット方法とそれによる変化▼SNS投稿、ZINE、グッズ製作、記事執筆。散歩のルートが変わった。周囲も自然に野良イスを撮って送ってくれるようになった。

路上園芸は、人と植物との競演

路上園芸マニア　村田あやこ

関連 TYPE4：DIY的な営みを見つける
TYPE5：まちの中の美を愛でる／ケーススタディ(p.178)

路上園芸鑑賞家／ライター。まちの植物や園芸の魅力を書籍やウェブ等で発信。著書に『たのしい路上園芸観察』(グラフィック社)、『はみだす緑 黄昏の路上園芸』(雷鳥社)。「散歩の達人」等で連載中。「ボタニカルを愛でたい」(フジテレビ)出演中。デザイナーの藤田泰実とともに路上観察ユニット「SABOTENS」としても活動。

好きになったきっかけ▼自宅近くの年季の入ったプランターにふと目が留まったことがきっかけです。生活とともに少しずつ育まれていった自然体の植物の風景に惹かれました。都市部でも鉢植えによって、まとまった緑の景観が生み出されることにも驚きました。

魅力を感じる点▼主に都市部で路上の一角を使って営まれる園芸活動は、限られた空間の活用方法が見事です。植物は植物で生き物なので、人が定めた鉢や植え込みという枠を関係なく越境。人と植物とがせめぎ合い生み出された唯一無二の風景が魅力です。

マイルール▼感性と理性の両方を大切にしています。植物観察は、名前やメカニズムを知ることでより観察の奥行きが増しますが、それだけには固執せず、はじめて目にした時の驚きや「うわ、なんかこれヘンだぞ」といった直感も大事にしています。

活動時の「3種の神器」▼①軽い一眼レフ。ちゃんと記録したいときは一眼レフを使用。1日持ち運んでも苦にならないよう軽いもの。／②植物図鑑。まちなかの植物に特化した図鑑を愛用しています。／③歩きやすい靴。クッション性があり軽くリーズナブルな靴がおすすめ。

はじめての人が楽しむ3ポイント▼①建物と道の境界や舗装のひび割れなど「まちの余白」に注目する。／②自分だけの観察キーワードを作る。／③路上園芸の背後にいる園芸家の人となりや暮らしを想像してみる。

好きなまち・おすすめのまち▼赤羽…酒場の店先園芸を楽しめる。散歩した後の飲酒も楽しい。／向島…路上園芸の宝庫。向島百花園で庶民の園芸のルーツに思いを馳せることができる。

アウトプット方法とそれによる変化▼SNS投稿、ZINE、書籍、写真展、グッズ制作、記事執筆、まち歩きワークショップなど。言葉だけではなく、写真やグッズなど幅広いアウトプットを心掛けています。似たような観点でまちを楽しんでいる人と出会い刺激を受けただけでなく、同じまち歩き好きながら別の様々な対象物を愛でる人たちとも交流が生まれ、単にまちを楽しむ視点というだけではなく、物事を捉える視野が広がりました。結果的に、執筆や講演といったお仕事にも派生しました。

街角狸は、平和の象徴

街角狸マニア　むらたぬき

関連 TYPE1：まちのレアものを掘り当てる／第3部（p.174）

街角狸研究家として街角に置かれた狸の置き物を撮り集め「#街角狸」でSNSにアップ。狸をテーマにしたオリジナル曲で日本タヌキレコード大賞を3度受賞。令和3年度「日本たぬき学会」会長に就任。

好きになったきっかけ▼駐車場の隅でプランターに植えられた目の死んだ狸の置物を見て「縁起物なのにこんな扱われ方をしていいんだ！」と衝撃を受けたことがきっかけです。

魅力を感じる点▼時代や窯元ごとにバリエーションが豊富で、今もなお時事ネタを取り入れて進化しているところ。

マイルール▼まちで見かけた狸の写真を撮り「#街角狸」でSNSにアップする。投稿された「#街角狸」は全ていいねとリツイートする。投稿された街角狸写真を表にまとめて分析する。

活動時の「3種の神器」▼①信楽焼カタログ。狸の判定のため。／②交通量調査で使うカウンター。1枚に複数の狸が写っている場合に正確に数を数えるため。／③スマホ。街角狸撮影のため。

はじめての人が楽しむ3ポイント▼①まちで狸に出会う奇跡を感じる。／②狸の持ち物や表情、色の落ち方など1体1体違うところを見つける。／③狸だけでなく、周りに置いてあるものも一緒に見る。（狸がいなさそうなところに急に現れる違和感を楽しむ。）

好きなまち・おすすめのまち▼滋賀県甲賀市信楽町。街角狸のシェア9割を超える信楽焼の産地で、町中に狸があふれています。

アウトプット方法とそれによる変化▼SNS投稿、グッズ制作の他、オリジナルタヌキソングを作って発表しています。日本たぬき学会という会の会長を任されることになり、狸研究の発表や意見交換の場を作るため日々努力しています。

ドネルケバブは、肉と人生の塊

ドネルケバブマニア
メルツのドネルケバブログ

関連 TYPE8：まちを舞台にする

国内外でドネルケバブを食べ歩く。コロナ禍ではケバブ屋の手伝いをし、今では1人で店締めができるように。ケバブ歴は2013年ごろ〜。2015年にケバブログを開設し、以降700食以上を食べる。本業はIT業界の会社員。

好きになったきっかけ▼好きだった某ハンバーガーチェーンが値上げをしたからです。肉と野菜と炭水化物のバランスが整っている似たようなファーストフードを探した結果、ドネルケバブにたどり着きました。

魅力を感じる点▼ドネルケバブはもちろん、店員さんも魅力です。挨拶や世間話をしたり、長らく私に彼女がいないと心配されたり（余計なお世話）……。機械的なファーストフード業界で、ひときわ人間味があふれる貴重な空間ではないでしょうか。

マイルール▼記事を書くとき、お店の評判が傷つきそうなことは極力書かないようにしています。訪れた時の私の主観でしかないので、「星3つ」などの格付けは論外。

活動時の「3種の神器」▼①スマホ／②メモ／③ペン。基本的には食べ歩きなので、スマホで写真や動画を撮りつつ、味や店員さんの話をメモするといった具合です。一眼レフも買ったことがありますが、片手でケバブを持ちながらの撮影は辛くてやめました。

はじめての人が楽しむポイント▼それぞれ違うお店で3食、あるいは同じお店で3食を食べていただければ、見えてくるものがあるのではないでしょうか。お店ごとの違い、同じお店なのに焼け具合によって変わる味など、ひとつとして同じものはないことを実感できます。

好きなまち・おすすめのまち▼秋葉原がオススメです。2022年5月現在、ケバブ店が9店舗もひしめく、国内最大の激戦区です。それぞれ趣向の違うケバブ店さんばかりなので、あなたが気に入るケバブがきっとあります。

アウトプット方法とそれによる変化▼基本的には、SNS投稿とブログでの記事執筆です。アウトプットによって交友関係が広がりました。日本全国や海外の友人ができたことは、ドネルケバブを食べ始める前では考えられなかったことです。

散歩は、無限の娯楽

散歩マニア　ヤスノリ

関連 TYPE8：まちを舞台にする

ウェブマガジン「サンポー」主宰。散歩の横好きたちがまちをぶらぶらして、思ったことや気づいたことを散歩記録、エッセイ、マンガなどにしてインターネットにアーカイブする活動をしている。今まで記録した都市は700ヶ所以上。その他、あたらしい散歩の可能性について考えている。六差路VRや散歩ゲームブックの展示、散歩カードゲーム「散歩王」の企画・販売、豆本型ゲーム「さんぽ神」の監修を行う。

好きになったきっかけ▼もともとまち歩きは好きでしたが、ウェブマガジン「サンポー」を始めた直接のきっかけは、不動産屋に在籍していたことが大きいかもしれません。まちのスペックよりも「このベンチがなんか良い」「看板がゆるいまちは素晴らしい」みたいなものでまちを伝えられたらいいなと思ってウェブマガジンを提案したのですが、採用されなかったので自分で始めました。

魅力を感じる点▼まちの特定の現象も好きですし、まちのウンチクも好きですが、いちばん心惹かれるのは誰かが勝手に見つけた小さな発見です。それが毎日、誰かの周りに生滅していると気づいたときに、その無限性に気が遠くなりました。

マイルール▼まちの調査は最低限にして出向き、行ったあとでたくさん調べます。知識があるとどうしても視点が引っ張られてしまい、「個人ごと」を見落とすためです。

活動時の「3種の神器」▼①RICOH GR II：散歩記録に最高です。ズームはありませんが対象物には近づくべきだと考えているので大丈夫。／②Google Pixel5：どうしても近づけないものはスマホで撮影。／③Puma SUEDE：20年履いているので絶大な信頼があります。Pumaの定番で絶対なくならない安心感があり、いろんな色があるので飽きません。

はじめての人が楽しむ3ポイント▼①あとで意味が出てくるかもしれないので、とりあえず全部撮る。／②近くを見たり、遠くを見たりする。／③「なぜだろう」と考える。

好きなまち・おすすめのまち▼全部のまちがおもしろいはずで、個人的にはできることならば地獄もおもしろがりたいと考えています。そのためには、ちょっとくらい槍や鎌が刺さっていてもおもしろさを見逃さない修行が必要だと考えています。

アウトプット方法とそれによる変化▼毎週1〜2回「サンポー」を更新しています。年に1回「あたらしいさんぽのていあん」という本を作っています。その他、たまに雑誌や他のウェブ媒体に執筆しています。もともと「サンポー」は私1人で始めたのですが、まちの個人ごとを淡々と記録するという趣旨に賛同してくれる方が意外と多く、２０２２年現在70名近くの散歩者が在籍しています。

平成レトロは、つい最近の再発見

平成レトロマニア　山下メロ

関連 TYPE3：まちの歴史に注目する

記憶の扉のドアボーイ。1981年、広島生まれ、埼玉県加須市出身。平成が終わる前より「平成レトロ」を提唱し「マツコの知らない世界」など各メディアにて発信する。バブル時代の子供向け観光地土産も研究し、著書に『平成レトロの世界』（東京キララ社）、『ファンシー絵みやげ大百科』（イースト・プレス）がある。

好きになったきっかけ▼まだ平成時代が終わると決まる前、巷間では昭和レトロが定着しており、平成時代を振り返るという雰囲気がありませんでした。バブル周辺文化を研究していた自分は、そこに含まれる平成初期の文化に特異性があることに気づきました。

魅力を感じる点▼平成初期にはバブルの空気が残り、その後は若い世代が流行を生み、ネットが普及していくなど、流れを振り返ると新鮮に感じます。今では「過去」に感じる平成らしさをまちで発見することで、当時の良さを懐かしむことができるのです。

マイルール▼原宿や渋谷、新宿など当時の流行発信地だけに目を向けないこと。地方には地方の平成があり、人々が暮らす住宅街にも、何かの痕跡を見つけることができるかもしれません。先入観は捨てましょう。

活動時の「3種の神器」▼①当時の若者向け雑誌、旅行ガイド、デートブック。今の価値観では気づけない目的地を知ることができます。／②黎明期のデジカメ。当時っぽい画素数の画像や映像を撮れたりします。／③スマホ。コレが便利なんです。

はじめての人が楽しむ3ポイント▼①昭和かなと思っても調べると平成だったりしますので、なんでも写真に撮っておきましょう。／②昭和から平成は地続きで、クロスオーバーしてます。厳密にやらず、適当にやりましょう。／③あとはよく寝ること。

好きなまち・おすすめのまち▼おススメのまちはススキノ。地方都市の歓楽街にはバブリーな建築物が多いです。ただし歓楽街で撮影するのはやめておきましょう。

アウトプット方法とそれによる変化▼伝えるのが難しいので、基本的にアウトプットしません。将来的にあるとすれば、解説しながらツアーとかやるのが良いかもしれませんね。以前、別視点さまのイベントにてアウトプットしたところ、会場の空気が不穏な方向へと変化しました。プレゼンがフワフワしてたせいだと思います。

3

「別視点」の伝え方

（写真提供：マニアパレル）

第1部、第2部では、別視点とは何か、別視点を見つけるにはどうしたら良いかについて説明してきた。ここからは、見つけた別視点を伝える方法について紹介していく。

「気になったものを写真に撮ってみる」まではできるとしても「ZINEやグッズを作って発表するなんて、大変そうだし、クリエイティブなことをやっていない自分には無関係」。そう思っていないだろうか。

見つけたものを、大切な宝物として自分の胸の中に秘めておく、というのはとても良い愛で方だ。しかし、アウトプットすることで、周囲から新しい情報がもたらされたり、自分の想像を超えた活動につながったりすることがある。少し勇気を出して、撮った写真を誰かに見せる、それだけでもう、立派なアウトプットの第一歩だ。

デザインが得意な人は、グッズを作れば良いし、文章を書くのが好きな人はブログをやってもいいだろう。話すのが得意なら、トークイベントをやってみるのも良いかもしれない。曲を作っているマニアもいるし、クッキーを焼いているというマニアだっている。

これまで出会ってきたマニアや専門家たちの具体的な例を手がかりに、自分に合う伝え方は何か、どんな方法だったらチャレンジできそうか、ぜひ一緒に肩の力を抜いて考えてもらいたい。

写真や文章で伝える

SNSに投稿する

一番気軽にできるアウトプットといえば、写真を撮ってSNSに投稿することではないだろうか。自分はどんなところにグッときたのか、投稿を重ねていくことで「なんか好きだな」「なんか気になるな」の「なんか」の部分がより鮮明になってくるはずだ。誰かに「いいね」と共感してもらえるかもしれない。すでに似たものを投稿している人はいるだろうか。見つけたものの状態に名前をつけている人はいるだろうか。外国語でハッシュタグを付けてみたらどうだろう。写真の構図を工夫することも、自分の意図を正しく伝える重要なポイントだ。

参照：火曜サスペンスごっこマニア　さかもツインねねさん（141頁）ほか

ブログを書く

ブログはじっくりとマイペースに更新でき、流れの速いSNSと比べて、過去の記事も遡りやすいというところが利点だ。すでにブログをやっている人なら、見つけた別視点のカテゴリを新たに作っても良いし、その視点に特化したブログを立ち上げても良いだろう。撮り溜めた写真や、考えたことのメモが蓄積されていくことで、ひとつひとつは断片的なものでも、いつしか素敵なデータベースになる。自分にとっても読み手にとっても、参照や検索がしやすくなるのだ。じっくり考えをまとめたり、視点を分類するには、ブログはとても有効な手段だ。

参照：ドネルケバブマニア　メルツのドネルケバブログさん（154頁）ほか

自分でメディアを運営する

自分でメディアを運営するという方法もある。編集長として、好きな仲間と好きなことを発信するのだ。勇気を出して、気になる対象物の会社に相談してみたら、スポンサーになってくれるかもしれない。自分で記事を書いてもいいし、同じものが好きな仲間がいれば、記事を書いてもらったり、写真やイラストの連載をしてもらっても楽しいだろう。背負わないといけない責任は出てくるが、その分「しっかりやっている」という信頼度が増し、大物にアタックしやすくなったり、他のメディアに取り上げてもらいやすくなったり、良いこともたくさんあるはずだ。

参照：散歩マニア　ヤスノリさん（155頁）ほか

ウェブや新聞、雑誌などのメディアに寄稿する

文章やイラスト、写真が得意な人は、ウェブや新聞、雑誌などのメディアに寄稿、連載をするという方向にも広がってゆく。一般的には知り合いづてに依頼されることが多いが、地元の新聞や業界の専門誌など、アタックしてみると意外と「そういう方を探していたんです！」と受け入れてもらえることも。企画書を書くときは「何かが好きだ」という熱量を、誠意を持って伝えることが大切だ。

参照：電線マニア　石山蓮華さん（124頁）ほか

話して伝える

動画や音声コンテンツで紹介する

写真や文章と違い、動画を使えば動きや空気感、臨場感を伝えやすい。Youtubeなど動画サイトにアップをすれば、世界中の人が見てくれるかもしれない。撮影した映像を後から編集して、見やすくまとめることもできるし、ライブ配信をしても良いだろう。自分の思いや感動を、身振り手振りを使って視聴者に伝えることができ、コメントをもらってリアルタイムにやりとりすることも可能だ。話すのが得意な人なら、音声メディアを使ってラジオ形式でアウトプットするのもおすすめだ。

参照：電気風呂マニア　けんちんさん（138頁）ほか

イベントに出展する

人前に出るのが苦手でなければ、マニアフェスタ（13頁）をはじめ、展示即売会などイベントに出展するのも楽しいだろう。ハードルが高いと思うかもしれないが、みんなはじめは初心者。イベントは「なまもの」だから、イベントの毛色によって合う合わないもあるだろう。出展していくうちにだんだんと雰囲気が掴めてくるはずだ。販売するグッズがなくても、撮り溜めた写真を展示したり、集めた資料を見せながら来た人と話したり。思い思いの参加方法で楽しんでみよう。好きを突き詰めている同志に出会えることも大きな刺激になるだろう。続けていれば、陰ながら応援してくれているファンが会いに来てくれるかもしれない。

参照：ドジっ子看板マニア　赤沼俊幸さん（121頁）ほか

メディアに出演する

発信を続けていると、ウェブや新聞、雑誌、ラジオ、テレビなどのメディアから声が掛かることがある。自分ではなかなか開拓できない層に、自分の思いを広く届けられる手段だ。グッズを発売するときや、展示をするとき、本を出版するときなど、自分からプレスリリースを作ってメディアに呼びかければ、取材をしてもらえる可能性もある。新聞やテレビなどに出れば、高齢世代の人にも届くので、親孝行になるかもしれない。ただし影響力が大きい分、自分や関係者の意図と違う取り上げられ方になっていないか、誰かが傷付くことになっていないかなど、注意が必要だ。

参照：道に落ちているものマニア　藤田泰実さん（148頁）ほか

トークイベントを開催する

撮り溜めた写真や研究成果を発表するには、トークイベントを自分で開催するという方法も良いだろう。雰囲気に合いそうな会場を選び、集客をし、トーク内容を検討する。自分で準備をする大変さはあるが、気になるゲストを呼んで一緒に話したり、知り合いの知り合いを紹介してもらえたり、リアルイベントならではの楽しさがある。ライブ配信をしたり、撮影しておいたトークの様子を動画サイトで公開すれば、遠方のファンにも届きやすい。

参照：路線図マニア　井上マサキさん（125頁）ほか

ワークショップを行う

一方的にプレゼンをすることが多い動画やトークイベントと比べ、ワークショップは双方向性が強いのが特徴だ。参加者と一緒になって散歩や観察することで、対象物への理解度が一気に高まるだろう。自分とは違うものの見方に触れられることで、新しい視点を手に入れられたり、講師・参加者という立場を超えて、互いに刺激を与え合うことも多い。

参照：路上園芸マニア　村田あやこさん（152頁）ほか

ツアーにする

仲間同士で一緒にどこかへ観察しに行くのも楽しいが、旅行会社や旅行業の資格を持った人と一緒になって、きちんとツアーを組み、収益化するのも良い方法だ。つてがないとハードルは高くなってしまうが、個人でやるよりもグッと完成度が高くなる。一般的なイベントと比べ、長時間の拘束になるため、おのずと参加者の理解度も上がるし、宿泊が伴うレベルになると参加者同士の団結感も出てくる。昨日まで知らなかった人同士が、自分が見つけた視点によって仲良くなるのは感動的だ。

参照：峠の鉄道の歴史マニア　上原将太さん（128頁）ほか

創作物で伝える

マップにする

写真や情報が集まってきたら、マップにするのもおすすめだ。「この辺りに集中しているから、今度はここへ行ってみようかな」「この辺りにこれが多いのはどういう理由なんだろう」「ここところ、意外と近かったんだ」など、点と点がつながったり、見えていなかった分布が見えてくる。Google マップなどウェブ上にマッピングすれば、他の人にシェアしやすいし、手描きでマップを作って配布するというのも楽しいだろう。

また、実在しない都市を地図化しているマニアもいる。これも、現実世界の「あるある」を表現するひとつの方法だ。

参照：空想地図マニア　今和泉隆行（地理人）さん（126頁）

ZINE・作品集にする

ZINEや作品集など、冊子にすると、活動をパッと視覚的に見せられるという良さがある。海外の人にも伝えやすく、配布もしやすいため、1冊作っておくとかなり便利な自己紹介ツールになる。まちなかでの写真撮影中、怪しまれた際「こういう写真を撮っている者なんです」とZINEを見せながら説明するとすぐに打ち解けられるというメリットもある。

参照：バックヤードマニア　今井夕華さん（127頁）ほか

作品にする、作品展を開催する

対象物をモチーフにして作品を作っている人もいる。絵画や彫刻にする、小説や短歌にするなど、形にする方法はそれぞれだ。撮った写真を作品として販売しているという人も。作品展を開催すれば、自分の世界観を空間全体で表現できるし、近い感覚の人に出会える良い機会になる。「仕事を頼んでみたいけど、まずどんな人か知りたい」という編集者やディレクターが展示会場に会いに来てくれて、その後の仕事につながったというケースも。

参照：ゴムホースマニア　中島由佳さん（145頁）ほか

グッズにする

見つけた視点をモチーフに、グッズを作るのも楽しい。デザインをネットから入稿すれば、手軽に制作できるサービスもある。Tシャツ、手ぬぐい、シールやキーホルダー。その視点に合う素材や商材は何がいいだろう。どんなグッズにするかにも、その人の世界観が反映される。自分で作るのはもちろん、デザインができる知り合いに頼んでみると、自分では思ってもみなかった素敵なアイテムができ上がるかも。周囲の人に「どんなグッズがあったら良さそうかな？」と相談してみるのも、客観的な意見が聞けておすすめだ。

参照：マニアのマニアによるマニアのためのアパレルマニア　マニアパレルさん（150頁）ほか

LINEスタンプにする

見つけた視点をＬＩＮＥスタンプにするという方法もある。スタンプになると、自分の意図や文脈から切り離され、モチーフとして活用されるのが特徴だ。狭いコミュニティの中でそのスタンプが異様に流行るということもあり得る。形がおもしろいものや、可愛らしいもの、シュールなものをうまくスタンプにすれば、自分の知らないところで、長くじっくり愛してもらえるだろう。

参照：カラーコーンマニア　おかだゆかさん（133頁）

お菓子にする

お菓子づくりが好きな人は、見つけた視点をお菓子にするのもいいだろう。看板や壁、建物、地層や地質にまつわるモチーフ。作りたい対象物をどういう材料や製法で表現するか、突き詰めていくのもまた奥深く、腕の見せどころだろう。

曲にする

音楽好きで、対象物をテーマにオリジナル曲を作っているという人もいる。曲にすることで覚えやすくなり、年齢や性別、国境を超えて親しんでもらえるという良さがある。

参照：街角狸マニア　むらたぬきさん（153頁）

アウトプットによって起こること

アウトプットをしたことによって、自身や周囲にどのような変化が起こるのだろうか。「マニア名鑑」に登場していただいたマニアたちの声をまとめてみた。

自分自身が変化した

アウトプットをしたことによる変化でよく聞くのは、自分自身の変化だ。自分の中にあるモヤモヤとした「なんか好きだな」の「なんか」の部分をひとつひとつ言語化していくことで、思考が整理され、理解が深まる。アウトプットすることで、周囲からフィードバックをもらえ、さらに理解が深まるという意見もあった。

人とのつながりが生まれた

アウトプットをすることで、価値観を共有できる人と出会えたという声もよく聞く。今までは1人きりで活動していた人でも、一緒に活動できる仲間が見つかったり、他のマニアと知り合い多様な視点が得られたり。海外に友人ができたという人もいた。メーカーなど、中の人との交流が生まれ、一緒に商品を開発することになったというケースも。

本業の仕事に生かされた

趣味と仕事を切り分ける人がいる一方、趣味で見つけた視点が本業に生かされたという場合もある。取引先との話のネタになったり、マニア仲間との縁が本業の仕事につながったり。メディアに取り上げられたことがきっかけで、社内での知名度が高くなったという人もいた。写真を撮りに全国各地に行っていたため地理に詳しくなり、雑談スキルが上がったという人も。

仕事につながった

特にフリーランスで活動している人の場合、アウトプットがダイレクトに仕事につながることは多い。アウトプットをしていると、どんな活動をしているのか、どんな人なのかが分かってもらいやすいため、自然と声を掛けられやすくなる。自費出版していたZINEがきっかけで商業出版の話につながったという人や、講演会に呼ばれたという人もいる。「こんな媒体で活動したいな」と思ったら「こんなことができる人なんですよ」と分かりやすいアウトプットをすると良いだろう。

人生が変わった

アウトプットすることで、人生が大きく変わる人もいる。趣味で書いていたブログに広告が付き、その収入で生活できるようになったという人や、グッズの売り上げが良く、事業を会社化したという人も。われわれ合同会社別視点も、珍スポットのブログから始まり、珍スポットのツアーを企画する会社を立ち上げたという経緯がある。

アウトプットについて、マニアに聞いてみた

実際に、マニアの方々にアウトプットの秘訣や苦労について聞いてみた。

ZINEにしているマニア　けんちん

電気風呂マニアのけんちんさん（138頁）は、自身が入浴した電気風呂のレビューや、電気風呂の入り方、

書籍『Electric Bath Handbook 電気風呂御案内200』（八画文化会館）

メーカーへのインタビューなどをまとめた書籍やZINEを作っている。

――なぜZINEにしようと思ったのでしょうか？

「インプットしてきた知識を整理してまとめたいと考えたからです。ZINEにまとめるという「強制力」で、先延ばしになりがちな知識整理を進めることができます。また、これまで行き残している場所や、インタビューしたい人とのコンタクトも優先度を高めることができるので、とても良い機会になります」

――ZINEでアウトプットすることならではの良さ、大変さはなんでしょうか？

「自分の趣味を人に伝えるとき、ZINEがあると耳からだけでなく、目からもインプットしてもらえるので、イメージしてもらいやすくなります。大変なところは、原稿の締め切りに近づけば近づくほど、追加したい内容が思いつくことです」

――ZINE制作の際に、大事にしている点やこだわっている点はありますか？

「長い時間をかけて100点満点の内容を目指すのではなく、70点の内容でスケジュール通りに進めることを心掛けています。残り30点の心残りは、次のZINEへの活力にできると考えています」

展示や写真集制作をしているマニア　中島由佳

ゴムホースマニアの中島由佳さん（145頁）は、普段から撮影しているゴムホースの写真をまとめて、写真展を開催したり、写真集の制作を行っている。

――なぜ展示や写真集制作の形で伝えようと思ったのでしょうか？

「もともとゴムホース以外のテーマで写真作品を作っていたので、展示を行ったり写真集を作るのは自然な流れでした。自分の得意な方法というか、それしか知らなかったという表現の方が正しいかもしれ

作品展「庭先PT」（2015年）（写真：中島由佳）

ません」

――展示や写真集制作の形でアウトプットすることの良さ、大変さはなんでしょうか？

「展示はお祭りのような楽しさがありますね。会場ごとに、見てくれるお客さんの層が違うのもおもしろいポイントです。大変なのは、準備するのに時間とお金と体力が必要なこと。会社員なので、仕事が思うように休めないのも辛かったです。写真集の制作は、写真を撮るだけでなく、加工したりトリミングする作業がとても楽しいです」

――印象的だった反応はありますか？

「百聞は一見にしかずという言葉がありますが、大きくプリントした状態の写真で見ると、言葉よりも意図や熱量が伝わることがあります。芸術を観に来る人は、物の色や形に興味がある人が多いので、価値観が合う者同士で話ができるのも嬉しいです。また、写真を見てくれた人がゴムホースの写真を撮って送ってくれたり「海外にはこんなゴムホースがあるよ」と教えてくれたり。ゴムホースの魅力が伝わっていくのも楽しいですね」

グッズにしているマニア　マニアパレル

マニアパレルさん（150頁）は、マニア好みのニッチなモチーフを、Tシャツや手ぬぐいなどのグッズにして販売している「マニアのマニアによるマニアのためのアパレルマニア」だ。

――なぜグッズにしようと思ったのでしょうか？

「ダムをモチーフにしたロゴを趣味でデザインしたのですが、たまたま知り合いのディレクターさんがmixiの投稿を見てくれて「ダムに関するDVDの発売記念イベント用のシールにしない？」と声をかけていただいたことが、グッズづくりのきっかけになっています。そこからTシャツ、手ぬぐい、ぬいぐるみと広がっていきました」

テトラポットをモチーフにしたぬいぐるみ「テトぐるみ」（写真提供：マニアパレル）

——グッズやアパレルにすることの良さはなんでしょうか？

「土木やインフラ、団地は、余計な装飾のない最小限の機能美が魅力的ですが、それはあくまで後付けで、一目惚れ以外の何物でもない。ファーストインスピレーションを具現化することで、好きになってもらう敷居が低くなってもらえたら嬉しいですね」

曲にしているマニア　むらたぬき

街角狸マニアのむらたぬきさん（153頁）は、もともとやっていたバンド活動を活かし、狸をテーマにしたオリジナル曲を多数制作している。

——なぜ狸をテーマに曲を作ろうと思ったのでしょうか？

狸をテーマに作ったオリジナルソングが収載されたCD「化かされたなら」

「もともとバンド活動はしていましたが、なかなか作曲のモチベーションが上がらずだらだら過ごす日々でした。そんな時ツイッターで「日本タヌキレコード大賞」の存在を知り、狸ならいい曲を作れるかもしれないと思ってタヌキレコ大受賞を目標にタヌキソング作曲を始めました」

——曲としてアウトプットすることならではの良さ、大変さはなんでしょうか？

「自分で歌ったり、音楽仲間が歌ってくれたりするうちに、曲を知ってくれる人が増えて、ライブで演奏すると大合唱が起きるようになったのは嬉しかったです。目標にしていた「日本タヌキレコード大賞」を3回も受賞できたのは光栄なことでしたが、毎年新しいアプローチを考えていかないといけないので重圧もあります」

——印象的だった反応はありますか？

「特に印象的だったのは台湾の方ですね。ライブ配信の際、中国語でアルバムの紹介をしてくれたんです。音楽だからこそ国境を越えられたのかなと思いました。それ以外にも、曲を聴いた方に「ヘビロテしてます」「子どもと一緒に歌ってます」と言ってもらえるのは本当に嬉しいですね」

発信することで世界が広がる

第3部では、自分自身で発見した「別視点」を伝える幅広い手段をお伝えした。文章や写真でアウトプットすることだけが正解ではないし、自分の得意なことを生かし、それぞれのやり方で伝えれば良いのだ。

その中でも、まず無料で手軽に始められる方法はSNS投稿だろう。「マニア名鑑」で取り上げた多くのマニアたちも実践している方法だ。

はじめは1件の投稿という「点」であっても、投稿を続けることでその点が「線」になり、ある程度集まった投稿をZINEやグッズをはじめパッケージにすることで、さらに「面」に広がっていく。「はじめに」でお伝えしたように、合同会社別視点では、「別視点」を身につけるためには「インプット・発見・発表」という3ステップが重要だと考えている。

頭の中だけでもやもやと考えていることを、人に見せられる状態にするのは時に手がかかり、大変だ。しかし考えをまとめる過程で自分自身の思考が深まったり、視野が広がったりする。

そしてひとたび形になれば、それは「あなたがどんな人なのか」を伝えるメディアとなり、かつ自分自身を客観的に見直す道具ともなる。

アウトプットによって、他の人もあなたの「別視点」にアクセス可能となる。同志との出会いや新たな発信の場を呼ぶこともある。

そうやって、唯一無二の「別視点」が増えれば増えるだけ、世界はどんどんと彩り豊かになるだろう。

ケーススタディ　実際にまちを歩いてみよう！（文：今井夕華）

　ここまで、マニアたちの視点を手がかりに、地域の魅力を発掘し楽しむ、様々な方法をご紹介してきました。このコラムでは、ケーススタディとして実際に散歩をしてきた様子をお届けします。「同じ道を歩いていても、人によってこんなにも違う見え方になるのか！」と驚くことばかりでした。すぐに活用できそうな観察ポイントも盛りだくさんですので、ぜひお散歩の参考にしていただけると嬉しいです。

JR千葉駅にマニアが集合

　5月のある休日。お昼過ぎに、待ち合わせ場所であるJR千葉駅の改札口に向かいます。お天気にも恵まれ、絶好のお散歩日和です。名前は知っているけど、降りたことはなかった千葉駅。一見、観光名所的な場所は何もなさそうだけど、楽しめるのかなあ？この本を読んでいる皆さんなら、そんな心配は一切いらないこと、すでによく分かっていると思います。どんな場所でも、じっくりたっぷり楽しめる、お散歩好きのマニアに集まってもらいました。

　1人目のメンバーは、『日常の絶景』（学芸出版社）の著者でもあり、様々な形で土木の魅力を伝える活動をしている八馬智さん（147頁）。今回は、千葉出身で千葉に精通した八馬さんに道案内をしても

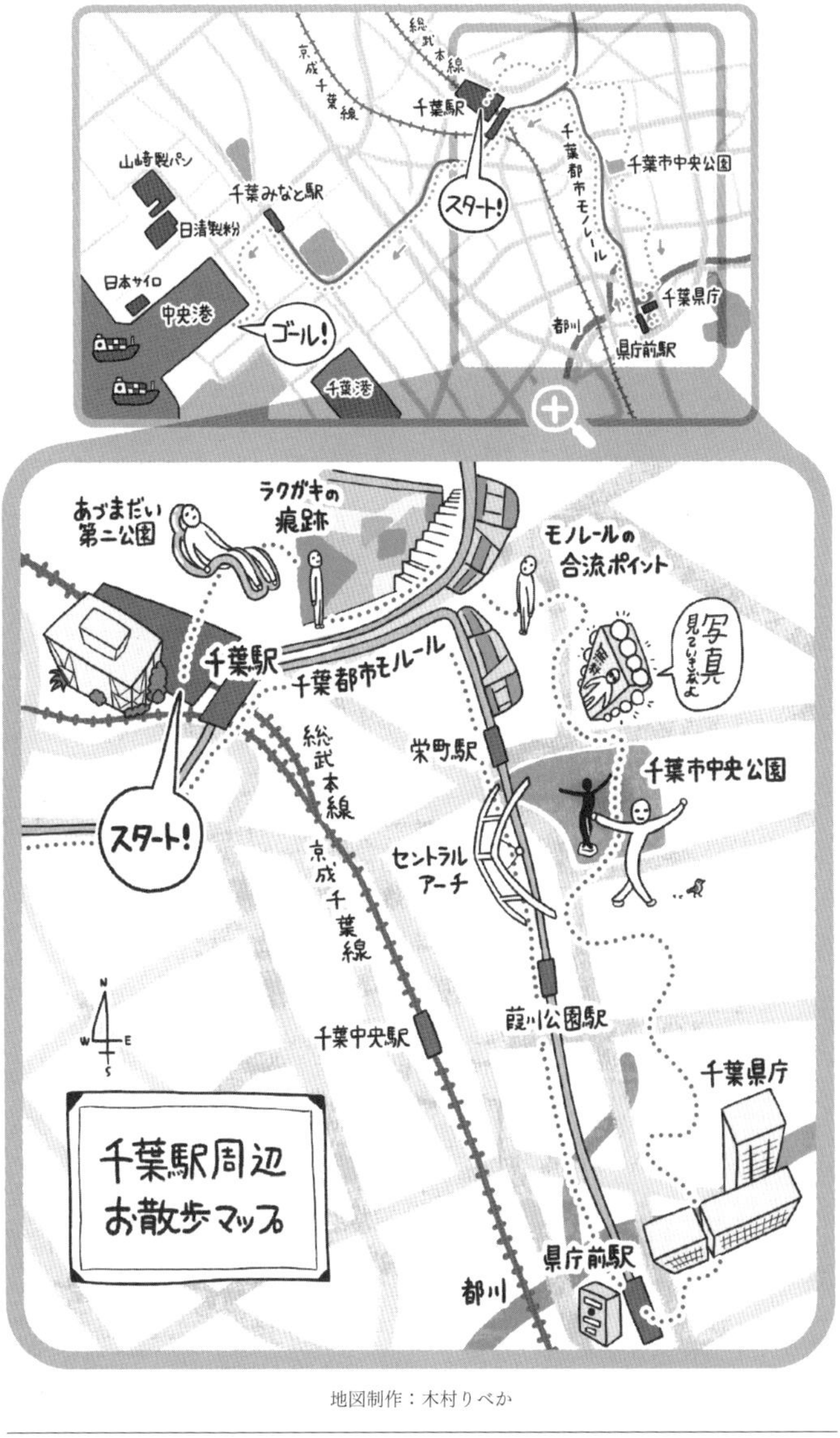
総武本線
京成千葉線
千葉駅
千葉都市モノレール
千葉市中央公園
山崎製パン
千葉みなと駅
日清製粉
スタート!
日本サイロ
中央港
ゴール!
千葉県庁
都川
県庁前駅
千葉港
ラクガキの痕跡
あずまだい第二公園
モノレールの合流ポイント
写真見ていきなよ
千葉駅
千葉都市モノレール
栄町駅
総武本線
千葉市中央公園
スタート!
セントラルアーチ
京成千葉線
葭川公園駅
千葉中央駅
千葉県庁
千葉駅周辺お散歩マップ
県庁前駅
都川

地図制作：木村りべか

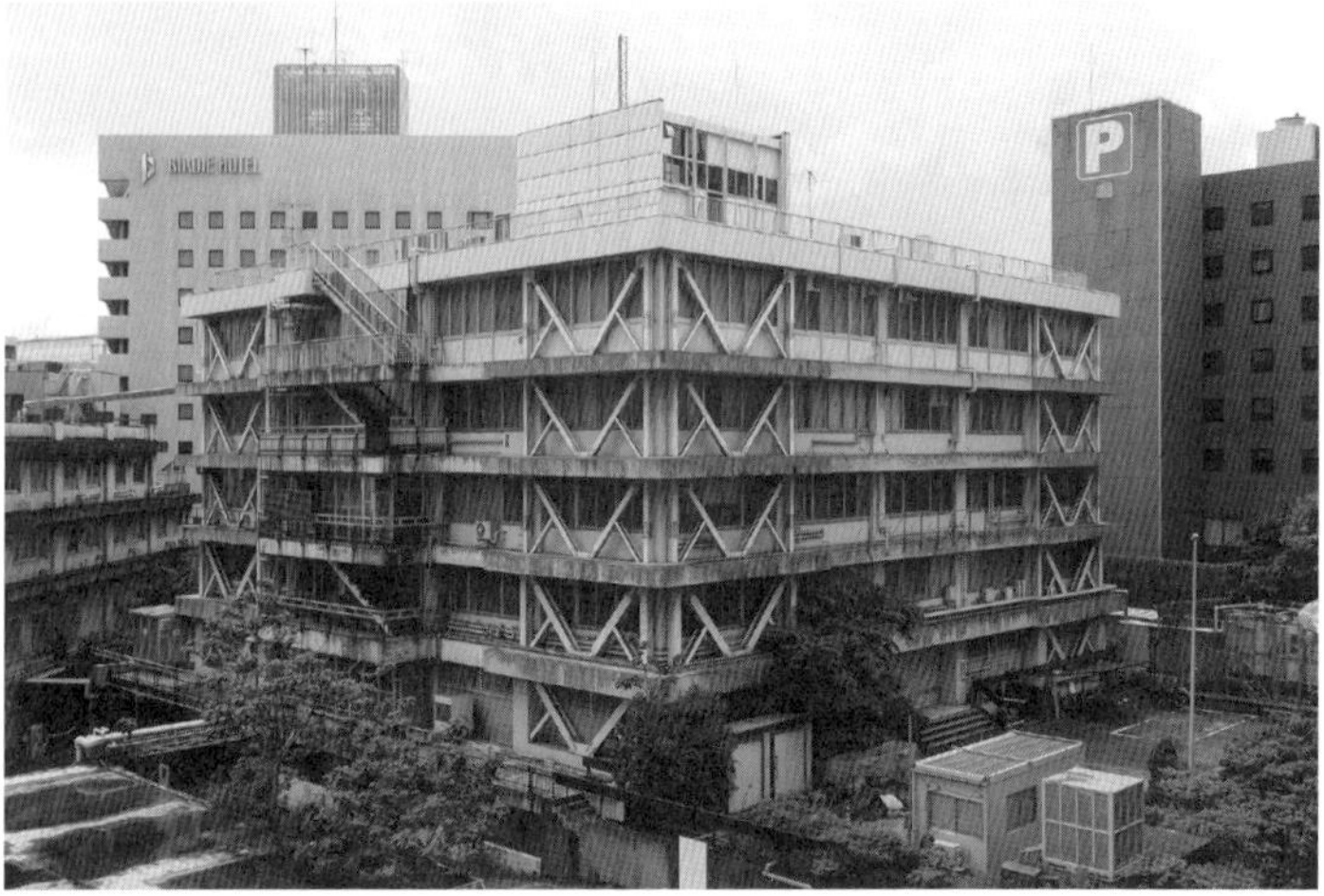

八馬：「徐々になくなっていく「少し前」の風景。
緑が浸食していく様子にそそられます」（写真：八馬智）

らいながら、みんなでお散歩していきます。２人目は道に落ちているものを「落ちもん」と呼び、人間ドラマを妄想している「落ちもんマニア」の藤田泰実さん（148頁）。３人目は、まちなかにある誰かの工夫を「まちのチャーミング」と名付けて観察している木村りべかさん（136頁）。本書著者である、路上園芸マニアの村田あやこさん（152頁）、珍スポットマニアの松澤茂信さん（149頁）にもご同行いただきました。

駅のデッキから廃墟ビルを観察

まずは駅から観察していきます。千葉駅は、想像していたよりも大きく、大宮や仙台にも似た規模感。駅ビルも充実していて、買い物するにはすごく便利そうです。西口デッキに出てみると、再開発の影響で廃墟になった複数のビルが。ピカピ

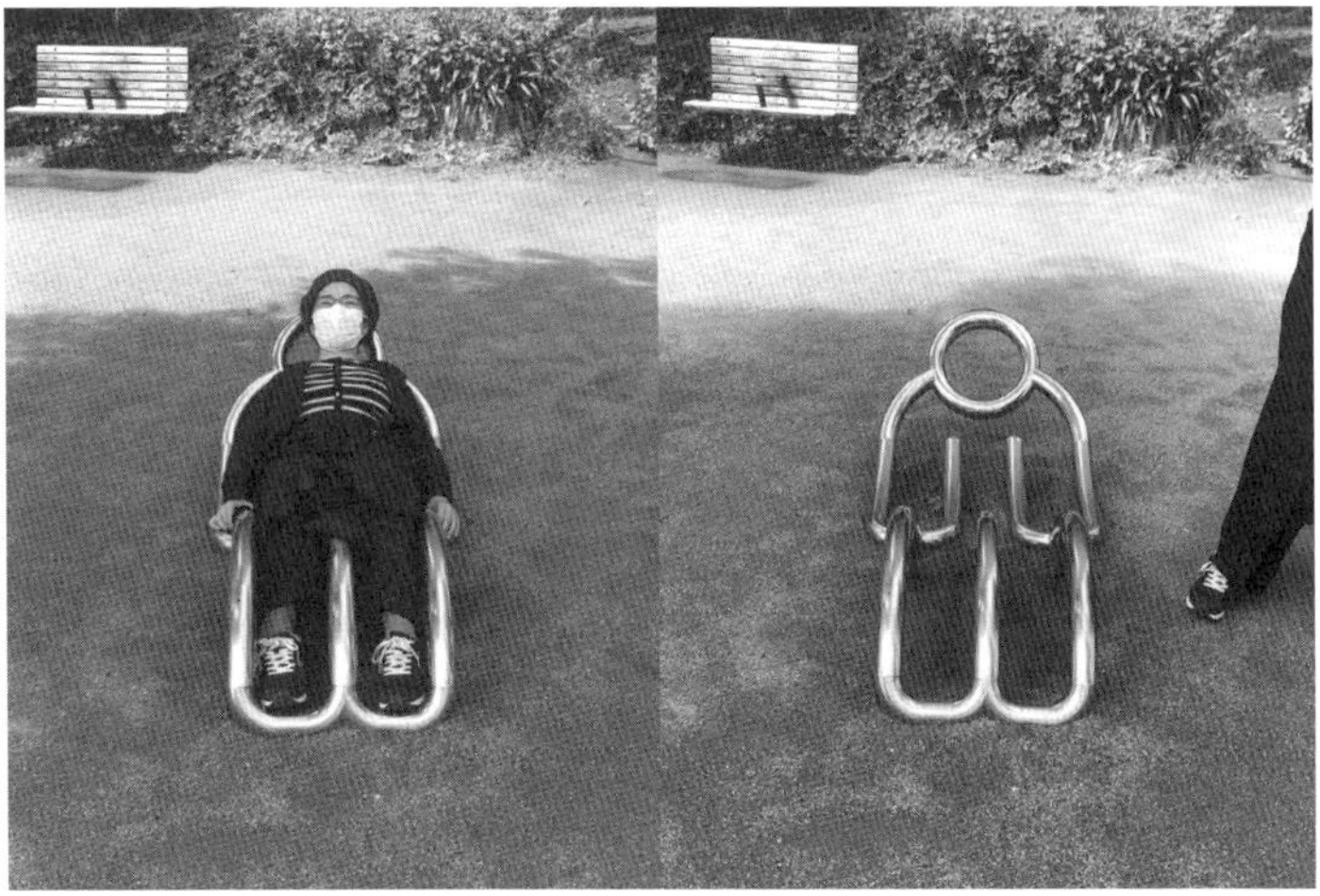

藤田：「公園に突如出現した遊具。見るだけでなく、自分で体験してみるのがお勧めです。
体験してみると、制作者の気持ちが分かるかも？」（写真：藤田泰実）

カの駅ビルとのコントラストが鮮やかです。

八馬：「このような古いビルが現役かどうかを見極めるときは、室外機などの設備が手がかりになることがあります。立ち退く時に撤去することが多いので、室外機がまだあれば、そのビルは〝生きて〟いる可能性がありますよ。ちなみに、このビルの耐震補強は「なるべく窓を塞がないように」と工夫されていますね。耐震補強は、基本的に全てオーダーメイド。その建物に合わせて耐震補強の設計をすることが一般的です」

続いてやってきたのは駅近くの小さな公園。人の形になった金属製の遊具を発見しました。「どうやって遊ぶのかな」「ハマってみようよ！」とはしゃぐ一行。村田さんがハマってみると……。

村田：「うーん、お尻が痛くて居心地は良くないですね。合ってるのかなあ、これ」

藤田：「すっごくきれいにハマってる！」

八馬：「正解が見えない不思議な遊具ですねえ」

落とし物を発見！

少し歩くと、住宅地の中にアパートのような外観のビジネスホテルを見つけました。そのすぐそばのフェンスには、忘れ物とおぼしき体育着入れが。なんとその下にはメロンの皮も落ちていました。藤田さんが、落とし物の背景を妄想してみます。

藤田：「体育着入れとメロンの皮かあ。これは素晴らしい「落ちもん」ですね。うーん、実はこれ、ビジネスホテルの一人息子の仕業じゃないですか？小学生の子なんだけど、この辺り一帯の地主で。だからいつもメロンとか、いい物ばっかり食べてるんです。このときも、学校帰りに厨房からもらって、ここで食べてたんじゃないかな」

松澤：「電柱の裏でですか？」

藤田：「ちょっと周りになじめないタイプなんですよ。やっぱり地主だから」

松澤：「地主のわりには、余すところなく食べてますね」

落とし物に夢中な藤田さんを横目に、土木好きの八馬さんはすぐ隣の電柱の写真を撮っています。

八馬：「僕がグッとくるのは電柱の方なんですよね。ここの汚れている部分。雨水は垂直に落ちるから、斜めの電柱に対して、違う角度で模様が描かれているんです。これは隣の電柱を支えるサブの電柱ですが、その姿も献身的で良いですよね。

本来ならもっと細い柱でも事足りるのに、たぶん一緒に設置するときに「そこにあったから」みたいな感じで使われたんでしょう。メインの柱になっていたかもしれないけど、実際にはサブになっちゃった。忘れ物もあるし、この場所「千葉の切ないスポット」ですね」

村田：「足元の植物もすごいですよ。フェンスから水が滴ってくるのか、けっこう元気に育っています。苔もたくさん生えてるなあ」

藤田：「なんでもないような風景が、視点の宝庫だったと思う１枚」（写真：藤田泰実）

　みんな同じ場所にいるはずなのに、それぞれの視点で全く違うところを観察しています。何ということはない道端ですが、こんなにも語れるものなんですね。

　歩いていくと、片手袋や靴の中敷きも落ちていました。藤田さんに、ゴミと「落ちもん」の違いについて聞いてみます。

藤田：「私の場合、人の余韻があるものだったり、妄想が掻き立てられるものを「落ちもん」と呼んでいます。見るタイミングにもよるんですが「おもしろい」って感じたら、ゴミじゃなくて「落ちもん」かな。

　季節によって落ちているものは全然違って、たとえば夏だと「靴の裏側」が多い。アスファルト

藤田：「落ちているものからまちが見えてきます」
（写真：藤田泰実）

が熱いから、ベロンって剥がれるんですかね。マスクやハンカチは季節関係なく、コロナの影響ですごく増えた気がします。地域によっても差が出てくるので、観察していくとおもしろいですよ」

民家の庭先で、努力の跡にうっとり

木村さんは、民家の庭先に夢中です。何を撮っているのでしょうか。

木村：「これ、見てください。小さな台を壁にセロテープで貼り付けてるんです。細部はテグスで引っ張って落ちないようにしていたり、努力の跡が愛くるしくて。ガムテープや接着剤を使えばもっと強力に付くはずなのに、たぶんその場にあったんでしょう。それを使うスピード感が気持ちいいですね。造花や天使の置き物もあしらって

木村：「他にもヨーロッパテイストの可愛らしい鉢植えや置き物があって、
とても素敵なお宅でした」（写真：木村りべか）

いて、生活を豊かにしようという心意気が感じられます」

庭先をじっくり観察して写真を撮っている木村さんと、下を見て落とし物を探している藤田さん、少し遠くの建物を見ながらズンズン進む八馬さん。気になるものの違いによって、目線の高さや歩くスピードは全然違います。たまに誰かが「あ！」と声を上げると、みんなが「なになに」と集合する。ひと通りおもしろがってから、またそれぞれ気になるものを探し出す。付かず離れず、楽しいお散歩タイムです。

パッチワークのような壁

アンダーパスに差し掛かると、足を止める八馬さん。よく見ると、白い壁に白いペンキで、四角

八馬：「落書きとの格闘の末に生まれた、意図しない抽象画」
（写真：八馬智）

いパッチワークのような模様が描かれていました。

八馬：「全部落書きを消した跡ですね。管理者と落書きとの戦いの痕跡です。ペンキって、同じ色に調整するのがすごく難しいんですよ。だからグレーっぽいもの、ベージュっぽいもの、水色がかっているものと、塗るたびに色が少しずつ違ってしまう。ペンキが何重にもなっていて、まるで抽象絵画みたい。僕の萌えポイントです」

木村：「落書きを消すって何なんだろう、と思ってしまうくらい、意図せず現代アートの抽象画のようになっていますね。大胆な人、ぼかしながら塗る人など、塗った人によって違う画風です。公共空間だけど誰かの手作業を感じられて、時間の堆積が見える。おもしろい風景だなあ」

モノレールの交差点はサイバーパンク！

八馬：「「チバシティ」の観光ガイドブックにはぜひとも載せたい、個人的映えスポット。重なり合う交通が混沌を伴って露出しています」（写真：八馬智）

八馬さんのお気に入りスポットだという、千葉都市モノレールの交差点に来ました。ここはモノレールの2つの路線が合流している珍しい場所。まさに日常の絶景です。

八馬：「サイバーパンクな景色ですよね。内臓が剥き出しな感じというか。モノレールはもちろん、地上をのぼる道路と、地下に行く道路、何層にも重なった交通網のレイヤー感がたまりません。狭い土地の中で、欲望のままにちょっと無理して作り、ある種のかっこよさが宿る。そういうところが日本的で、千葉的だなあと思います」

生と死入り交じる、カオスな繁華街エリア

続いてやってきたのは繁華街エリア。大人のお店やホテル、居酒屋やスナックもたくさんありま

（写真：今井夕華）

す。ちょっと歩くだけで、まちの雰囲気がだいぶ変わるんですね。

藤田：「住宅街や、モノレールの交差点の辺りとは、空気感が全然違いますね。なんとなく結界みたいになっているというか。レトロなビルも多くて、看板を観察するのも楽しいです。……え、見て！無料案内所の隣に葬儀屋さんがある！ホストが「写真見て行きなよ」と言っている看板のすぐ横に「葬儀の相談」「お仏壇」「墓石」って、すごいですね、ここ。生と死全てがギュッと凝縮されていて、それが整理されていない感じ。とってもおもしろいです」

銅像の名前を当てるゲーム

繁華街を抜け、県庁の方へ歩いていくと広い公園に出ました。ふいに公園内の銅像の題名を当てるゲームが発生。思い思いの題名を発表します。

藤田：「これは〈未来へ〉かな」

松澤：「えー〈宇宙〉とかじゃないですか？」

村田：「正解は〈アストラ〉でした！意味としてはけっこう〈宇宙〉が近かったですね」

藤田：「〈未来へ〉じゃなかったか。良いと思ったんだけどな」

松澤：「じゃああれは何ですかね」

藤田：「うーん〈抱きしめて〉」

今井：「私は〈鳥たちよ〉かな。ああ、やっぱり〈飛翔〉で」

松澤：「わあ、ありそう！じゃあ〈前進〉はどうですか？」

一同：「ありそうー！」

正解はどうであれ、意外と盛り上がったこのゲーム。気軽にできるわりに、けっこう楽しかったのでお勧めです。そんな中、ふと地面を撮り出す木村さん。

木村：「ここ、コンクリートに鳥の足跡がありますよ。可愛い。街路樹の根っこが盛り上がったところを直したんでしょうか。均一な印象の道路が、

木村：「これまたパッチワークみたいな修繕跡。鳥の足跡がとてもキュートです」（写真：木村りべか）

職人さんの手仕事のおかげでちょっと柔らかく見えますね」

モノレールに乗って港へ

最後はモノレールに乗って、千葉みなと駅まで移動します。木村さんは駅のインターホンが気になったようです。

（写真：木村りべか）

木村：「この機械「インターホン」と書かれていなければ、なんだか分からないですね。何枚も貼られたテプラに駅員さんの親切心を感じます。真ん中にある小さい「呼出」ボタンも可愛いなあ」

港へ着くと、八馬さんが解説をしてくれました。

八馬：「あの船から「日本サイロ」の倉庫に穀物が運ばれてくる仕組みです。そこから、すぐ横にある「日清製粉」に運ばれて粉が作られる。粉になったら、またすぐ横の「山崎製パン」に運ばれて、パンになるんです」

藤田：「パンまでくると、急に身近になりますね。その土地の産業とか、歴史を知ると、同じ風景でも見方が変わっておもしろいです」

お散歩をしてみて

八馬：「港から、その都市の産業を象徴する景観を見ることができます」（写真：八馬智）

約3時間のお散歩旅を終えて、みなさんに感想を聞いてみました。

木村：「千葉というまちの、いろんな表情を見ることができました。エリアごとに特徴が違っておもしろかったですね」

藤田：「隠したいのに見えてしまう人間味、いい意味で繕っていない雰囲気が良かったです」

八馬：「地元ということもあって、性質の違うエリアを、こうして連続して見たのって実ははじめてで。「なるほど、やっぱり千葉って混沌としたまちなのね」ということが再認識できました。あとは、木村さん、藤田さんとの視点のスケールの違いに驚きましたね。「そこを見るんだ！」っていう、異種格闘技のような楽しさがありました」

村田：「木村さん、藤田さんはデザインをする人だからか、看板の文字やビルのデザインによく気

（左から）今井（筆者）、村田さん、八馬さん、木村さん、藤田さん

がついていましたね」

松澤：「確かに「普段のお仕事や経験に基づいた視点」というのはありますよね。たとえば「飲食店で働いている人にしか気付けないこと」とかって、一緒に散歩をしていたらきっと出てくるはずで。「自分はマニアじゃないから」と思っている人でも、何かしらプロフェッショナルな部分はあると思うので、それを共有することで、視点が広がるかもしれませんね」

何もないと思っていたまちでも、ひとつひとつじっくり観察してみると、すごくおもしろい場所になる。知っているまちが全然違った風景になる。マニアの視点をインストールすることで、きっとあなたも、より高い解像度でまちが見えてくるようになるはずです。みなさんもこの本を参考に、ぜひまちへ出て、お散歩をしてみましょう！

4

「別視点」を広げよう

「別視点」を身につけることは誰にでもできる

本書では、様々な対象物を愛でるマニアの視点を手がかりに、地域の魅力を発掘し楽しむ方法をご紹介してきた。すでに述べたとおり、われわれ合同会社別視点は、「別視点」とは特定のマニアに限らず、老若男女関係なく、誰にでも獲得可能なものだと考えている。

おもしろいスポットへ行ったりマニアの視点に触れたりして見つけた視点を実践してみるのは、お題があってそれに回答する大喜利にも通ずるところがある。自分の感性やセンスを発表する、気軽な手法だ。しかしそれを動画や記事、グッズといったかたちにまとめたり、イベントに出展したりするのは、なかなか大変だ。もっと気軽に、自分の視点を見つけて発表する場ができないだろうか。

第4部では、そんな思いから合同会社別視点が手がけてきたイベントをご紹介し、「「別視点」を身につけ、広げることは誰にでもできる」「「別視点」を広げたら、老若男女問わず、誰でも地域の魅力を発見できる」ということをお伝えしたい。

事例①：お散歩ゲーム型イベント

外から取り入れた視点であっても、それを実際に使って発見し、人に伝えてみることで、その人独自の視点になる。

参加者の「体験」の度合いをより高めるため、インプット→発見→発表という一連のプロセスをセットにしたイベントが「お散歩ゲーム型イベント」だ。

まちの視点の百貨店――高円寺の高架下を8つの視点で楽しむ

新型コロナウイルスの感染が拡大し始めた2020年。同年9月にマニアフェスタを予定していたが、屋内に人が集まるイベントが実施しづらい状況だった。

そこで、屋外回遊型イベントの可能性を探ってみようという試みから始動したのが「お散歩ゲーム型イベント」である。

その第1弾が、2020年末に開催された「まちの視点の百貨店」だ。舞台は、東京のJR高円寺駅・阿佐ケ谷駅間を結ぶ約2㎞の高架下エリアである。高架下の施設管理を行う株式会社ジェイアール東日本都市開発より、「高架下の遊休施設を活用したい」という相談を受け始まったこの企画は、地域住民とマニアが考えた「視点」を使って、参加者自身にまちの魅力を発見していただく、というもの。ファミリー層や大人

「まちの視点の百貨店」のメイン会場となった高架下倉庫

高円寺エリアの住民と一緒にワークショップも実施

事前にマニア数名と対象エリアをリサーチ

同士など、誰にでも楽しめるプログラムとすることを重視した。

イベントに先立ち、「片手袋」「ゴムホース」「シャッター」「アート壁」「路上園芸」という、まちに身近に存在するものを鑑賞・記録している複数のマニアたちと、イベント実施エリアである高円寺〜阿佐ケ谷間のまち歩きを実施した。イベントの舞台である高架下エリアは、普段は地元民が通勤通学の通り道として使う、観光地でもなんでもない場所。しかしそういった整備されすぎていない場所の方が、マニアたちにとってはむしろ発見のしがいがある。

2時間ほどかけて対象エリアを自由に散策した上で、それぞれの切り口から発見した「視点」を共有した。

後日、高円寺在住の住民を対象にワークショップを開催した。ワークショップには、3歳と6歳の子ども〜30代の男女まで合計6名が参加。

事前のマニアとのまち歩きで発見した視点を用いて、参加者に遊び方を解説した上で、イベント実施エリアを歩いて、それぞれの視点に合致するポイントを探した。

ワークショップでは、小さな子どもたちが、視点の意味を理解した上で次々と自分なりの発見をしていたのが印象的だった。

「まちの視点の百貨店」パンフレット

実際のイベント時には、ワークショップ参加者の反応もふまえ、子どもでも発見しやすそうな視点・大人でも楽しめそうな視点を織り交ぜ、最終的に高円寺を楽しむ視点を8つ（アート壁、はみだす緑、顔、見立て、看板文字、片手袋、誰かがいた跡、街角DIY）に落とし込んだ。

イベント開催時は、参加者が視点をインプットする方法として、メイン会場である高架下倉庫にて、8つの視点をもとに選んだ写真を、パネルや映像で展示した。

イベント参加者には、それぞれの視点のポイントが解説された紙の「ゲームブック」を無料配布した。ゲームブックには、イラストレーター・角裕美《かどひろみ》さんのカラフルで楽しげないきものたちの絵を使用した。

ゲームブックには、〝「視点」を切り取る〟という行為を具現化したものとして、発見したものを写真に撮る際に使用できるフォトフレームを同封した。子どもがもらって嬉しく、すぐ遊べるアイテムでもある。また高架下を歩いていると、同じフォトフレームを持って歩く人たちが行き交う。「あの人もやっているんだな」と、参加している人同士の親近感が湧くという効果もあった。

参加者には以下の方法で、イベントを楽しんでいただいた。

参加者に配布したゲームブックとフォトフレーム

8つの視点を解説したパネル

①ゲームブックをもとに高円寺を探索する
②それぞれの視点に合致する対象物を発見したら、写真を撮影する
③受付スタッフに、発見した視点を発表し、撮影した写真を特設サイトに投稿する
④発見した視点について、ゲームブックにスタンプを押してもらう
⑤発見した視点の数に応じてプレゼントと交換してもらう

参加者が発見した視点の数に応じて、オリジナルステッカーや地元の銭湯などで利用できるチケットなどをプレゼントし、ゲーム性を高めた。プレゼントを通し、地元店舗への回遊も促した。

またデジタル観光ツアーアプリ上に、この8つの視点で高円寺を巡ることができるスタンプラリーを用意。8つの視点を観光資源化した。スタンプラリーはイベント終了後もアプリ上に残るため、当日イベントに参加していない人でもアプリ上でイベントを追体験できる。

また高円寺〜阿佐ケ谷一帯の地図上に来場者の個人的な思い出を貼付していただく「思い出の視点」コーナーや、開催中に参加者が撮影した写真を展示するパネルなど、イベント参加者の視点をリアルタイムで展

会場受付にて、参加者が発見した視点を発表していただいた

会場一角には「リアル路上フォトブース」を設置。まち歩き前後で見え方がいかに変わったかを確認できる。

示に反映させた。

イベント期間中は、会場周辺を歩くウォーキングツアーも開催した。ガイドが会場周辺を様々な視点から解説した後、参加者には各自で散策し、発見した視点を発表していただいた。

イベントを振り返ると、発見した視点を受付で発表する場面が最も盛り上がり、大人から子どもまで幅広い世代の参加者が、楽しそうに話していたのが印象的だった。実際、参加者の発見はどれもユニークなものだった。

「何もないと思っていたけれど、こういう形で巡ってみたらいろんな発見があった」「他の場所にもおもしろいものが潜んでいるんじゃないかと思えるきっかけになった」「イベント終了後も、子どもが「視点」を見つけて遊んでいる」といったフィードバックをいただいた。

いったん「視点」をインストールすれば、見慣れた帰り道も、電車の車窓からの風景も、とたんに楽しいものとなる。イベントのあいだだけでなく、普段暮らすまちの見方がちょっと変わったりと、その後の暮らしにも少し変化が起こる。まさに、「別視点」が広がる瞬間を体感したイベントとなった。

参加者が撮影した写真を発表

会場周辺を歩くまち歩きツアーの様子

ワークショップ同様、実際のイベントでも小さな子どもたちが次々と視点を発見していた。今回参加者に紹介した8つの視点の中には、たとえば「見立て」の視点など、「子どもには少し難しいかな？」と思うものも含まれていたが、全くの杞憂だった。「壁の模様が顔に見える」など、視点の内容を理解した上で、次々と自分なりの発見をしてくれた。また、道の隙間から元気に生える「はみだす緑」などは、単純に大人よりも目線が低いので、発見が早い。

「別視点」を身につけることは誰にでもできる」ことを実感した。

また、地域の外側から見た視点と、内側の視点とを混ぜ合わせることの重要性も感じた。住む人から見ると当たり前のことであっても、外から来た人にとってはおもしろい。逆もしかり。

イベントを通して集まった参加者の視点は、地域の資産として貯めていく予定だ。

高円寺で開催した「まちの視点の百貨店」は、新型コロナウイルスの感染拡大が懸念される状況の中での実施となったため、アイデアとして挙がったものの実施できなかった企画も多くあった。たとえば宿泊込みのバスツアーや、商店街や住人をさらに巻き込んだ取り組み、大々的な広告などである。今後、安心して人を集めたイベントができる状況になったら、ぜひ理想形に近いかたちで実施したいと考えている。

〈参考〉まち歩きイベント「まちの視点の百貨店」実施レポート（マニアフェスタHP）
https://maniafesta.jp/osanpogame-report/

渋谷neo散歩——散歩をアップデート

「散歩をアップデート」をコンセプトとし、普段生活しているエリアがもっと好きになる体験型のイベントという趣旨で、渋谷を舞台に2021年3月に開催したのが「渋谷neo散歩」だ。

未だ新型コロナウイルスの影響により遠くまで出かけることが難しく、手軽な気分転換として身近なまちを歩く「散歩」が再注目されるようになったこともあって、このイベントの企画に至った。

イベントは東急株式会社主催、東京カルチャーカルチャー協力のイベント公募プログラム「渋谷渦《うず》」※の採択企画として、渋谷にあるイベントスペース・東京カルチャーカルチャーにて開催された。

イベントの冒頭では、「電線マニア」「電飾マニア」「路上園芸マニア」「まちの文字マニア」「平成初期マニア」という5名のマニアが、まちや路上の観察を楽しむための独自の視点をレクチャー。マニアによるレクチャー後は、参加者同士で4〜5人ずつ、6つのチームに分かれて渋谷のまちを散

参加者がチームに分かれて渋谷を散策

5人のマニアが散歩を楽しむ視点をレクチャー

策。散策中に発見したものを各自自由に写真に収めた。

参加者が散歩に出かけているのと並行し、会場ではオンライン視聴者限定のトークイベントを開催。ストリートビュー上で5人のマニアそれぞれの視点を交差させながら即興のバーチャル散歩を楽しんだり、テーマトークでは5人のマニアそれぞれが散歩の楽しみ方をプレゼンした。

散歩を終えた参加者が会場に戻ってきた後、それぞれのチームで5枚の写真を選び、壇上で写真とタイトルを発表した。参加者から実にユニークな写真が集まり、この発表タイムが最も盛り上がった時間となった。

たとえば次頁の写真は、「ぶら下がり緑」というタイトルで発表された、歩道橋の裏側からシダ植物が生えている写真だ。イベント冒頭のマニアのレクチャーの中で、まちの植物や園芸に着目する路上園芸マニアが、「まちなかで植物の住みよい場所、人間の住みよい場所は意外と違う。なんでこんなところに、という意外な空間が植物の住処になっている」といった話をした。

この写真が撮られたミヤシタパーク周辺は、再開発が進みきれいに整備され、目に付く場所のほとんどに人工物が配されている。この歩道橋も表側は人間のための場所だが、人目に留まらない裏側は、暗く湿って人に踏まれず適度に放っておかれるので、シダ植物にとって居心地のいい生育地になっていたのだ。対象物や視点を変えると場所の見え方が変わる。ただの雑草が生えただけの場所が、ユニークな発見の舞台となる。まさに「別視点」を体現したような写真だった。ちなみにこの「ぶら下がり緑」のあった階段は、イベント会場のすぐ近くだった。おそらくは多くの人が気づかず横を通って会場に来ただろう。しかし、イベント後は多くの人が立ち止まって目を留めていた。この変化は、ある意味、観光スポットが1つ増えたということでもある。日常の中で通り過ぎる場所であっても、視点の獲得によっておもしろい場所になりうる。

　このように、マニアによるレクチャー後のまち歩きを通して、参加者独自の発見が続々と集まった。イベントの舞台となったのは渋谷という誰もが知るメジャーなまちだったが、マニアの視点を受けて参加者が発見したものにほとんど重なるところがなかったのにも驚いた。たとえば唇の形をしたモニュメントの間から見える、遠くの寿司屋の「寿司」の文字や、ある画角で撮ると分かる配管の形状の美しさなど、対象物単体だけでなく切り取り方のユニークさも人それぞれだった。

参加者が発見した「ぶら下がり緑」。
階段裏をシダ植物が住処にしている。

　なお発表していただいた写真は、誰でも渋谷neo散歩を追体験できるよう、デジタル観光ツアーアプリでスタンプラリー化を予定している。

東急株式会社との取り組みは、このイベントをきっかけに後述する「地域スクランブル大作戦」にも派生した。

※渋谷渦渦：渋谷をもっと楽しくする企画を募る、ジャンル不問のイベント公募プログラム。公式ＨＰ：https://shibuyauzuuzu.themedia.jp/

〈参考〉体験型ワークショップイベント「渋谷ｎｅｏ散歩」実施レポート　https://betsushiten.com/news/914/

事例②：ＳＤＧｓ発見クエスト

ゲーム感覚で楽しみながら、ＳＤＧｓを自分ごと化

インプット→発見→発表を基本形にした「お散歩ゲーム型イベント」は、インプットの部分に、「ＰＲしたい地域がある」「遊休施設を活用したい」「地域の歴史を伝えたい」「特定の取り組みを紹介したい」といった、開催地や施設特有の伝えたい情報を追加するアレンジも可能だ。

頑張って地域で取り組んでいるけれど、あまり知られていないことや、地域のユニークな歴史や知ら

れざる魅力。伝えたいのにあまり機会がなかったり、一方的に伝えるだけだとなかなか耳を傾けてもらえないことも、ゲームとして体験してもらうことで楽しみながら自然と周知することができる。

その派生系のひとつが「ＳＤＧｓ発見クエスト」だ。

近年、ＳＤＧｓ（Sustainable Development Goals：持続可能な開発目標）への関心が世界的に高まっており、多くの自治体や企業等でＳＤＧｓの啓発を目的とした研修が活発化している。一方で、「ＳＤＧｓが参加者自身とどう関係あるのか実感を持ってもらえない」「プログラムが堅苦しく参加者に興味を持ってもらえない」といった課題を持つ組織も少なくないだろう。

SDGs発見クエストのパンフレット

そこでインプット→発見→発表という「お散歩ゲーム型イベント」の枠組みを用い、ゲーム感覚で楽しみながらＳＤＧｓを「自分ごと化」できるプログラムとして企画したのが、「ＳＤＧｓ発見クエスト」である。「これってＳＤＧｓなのかなあ？」「これは17目標のうち、どのカテゴリーに入るのかな？」など、友人や同僚と気軽におしゃべりをしながら、自然とＳＤＧｓへ目を向ける機会を促す。発見したものを自分なりの解釈で発表することで、より自分ごと化の度合いも高まるだろう。

「ＳＤＧｓ」も、世界的な様々な課題の中から、特に達成すべき目標を切り取ったものという意味では、一種の視点だ。ＳＤＧｓの正しい知識を学び、その概念に沿って行動することはもちろん大事。その行動の第一歩として、スルーせずにまずは気づくこと、注目することは重要なステップである。

「まずは注目してみる」という行動は、お散歩ゲーム型イベントとの親和性が高いと考えた。

そうやって、ＳＤＧｓへ関心を持つ層の裾野を広げていくことが、「ＳＤＧｓ発見クエスト」の目指すところでもある。

〈参考〉ＳＤＧｓを自分ごとに！企業や自治体対象のお散歩ゲーム型イベント『体験型ＳＤＧｓ発見クエスト』を提供開始
https://betsushiten.com/news/1001/

松坂屋neo散歩――おさんぽゲームwith SDGs

「ＳＤＧｓ発見クエスト」の実践的な取り組みの例が、２０２１年秋に松坂屋静岡店で開催した「松坂屋ｎｅｏ散歩～おさんぽゲームwith ＳＤＧｓ～」だ。

松坂屋静岡店が立地する静岡駅周辺エリアを含む、地域全体を盛り上げるための第一歩として企画したこのイベント。地域全体を盛り上げるだけでなく、来場者に普段のお買い物とは違う視点で松坂屋静岡店を散策していただくことで、これまでの百貨店の概念を超え新たな価値を提供する「おもしろいコト」がある場所（メディア）であることをお客様に伝えるとともに、このイベントのテーマであるＳＤＧｓを、お客様だけでなく従業員にも自分ごととして体験してもらう、ということを目的としていた。

イベントに先駆け、従業員の視点から見たＳＤＧｓの取り組みや松坂屋静岡店の見どころを募集。また別視点スタッフも、企画をサポートしてくれた同店スタッフ「視点発見チャンピオン」こと木庭《こば》英之《ひでゆき》さんとともに館内を歩き、内側の視点と外からの視点とで、同店のユニークなスポットを探した。

２０２２年で開店90周年を迎えた松坂屋静岡店。地元の老舗メーカーが作ったネオンサインや、大正レトロな雰囲気漂うトイレマーク、半世紀近い歴史のある回るお菓子売り場（現在は引退）、パルテノン神殿と同じ採石場で採った大理石から作った外壁など、地域の歴史を物語るような貴重な見どころも数多くあった。フードロスをなくすためのプロジェクトや海洋プラスチックごみで作ったモザイクアートなど、ＳＤＧｓの観点での松坂屋静岡店の様々な取り組みや、松坂屋静岡店独自の隠れた名所を知っていただく機会となった。

そうやって従業員や別視点スタッフが集めた見どころを「ＳＤＧｓの視点」「静岡の視点」「レトロの視点」「マニアの視点」といった「視点」に落とし込んだ。

事前に松坂屋静岡店・木庭さんに
館内をご案内いただいた

外壁にはなんと、パルテノン神殿と同じ
採石場から採った大理石が使用されている

海洋プラスチックごみで作った富士山のアート
（ブランド「Sobolon」のワークショップで制作）

「まちの視点の百貨店」同様、イベント来場者にゲームブックとフォトフレームを配布。ゲームブックを手に館内の「視点」を宝探し気分で探し歩いていただくため、メインのイベントスペースの解説パネルだけでなく、館内の該当するスポットにも、解説パネルを設置した。

期間中、来場者は館内を自由に散策し、視点を発見したらその写真を撮っていただいた。来場者が発見した「視点」は、ポストイットやオンライン上のフォームなどで投稿していただき、展示スペースに随時掲示していった。視点を投稿していただいた方には、「視点発見チャンピオン」と書かれた缶バッヂなど、特製の景品もお渡しした。

このようにゲーム感覚で館内を探索することで、楽しみながらSDGsの視点を自分ごと化するとともに、松坂屋静岡店の新たな魅力を体感していただいた。

また特別企画として、同店スタッフ木庭さんによるガイドツアーも実施した。ツアー参加者は、1回のツアーごとに10人ほど、子どもから大人まで幅広い年齢層が集まった。ゲームブックに掲載された視点だけでなく、普段は立ち入れないバックヤードや屋上まで案内していただいた。普段スタッフとして働く方にとってはなじみの光景であっても、視点が

来場者にはゲームブックとフォトフレームを配布

会場では来場者の「インプット」を促す場として、事前調査で発見した視点をパネルで解説

参加者はポストイットに、
発見したものを書いて貼っていった

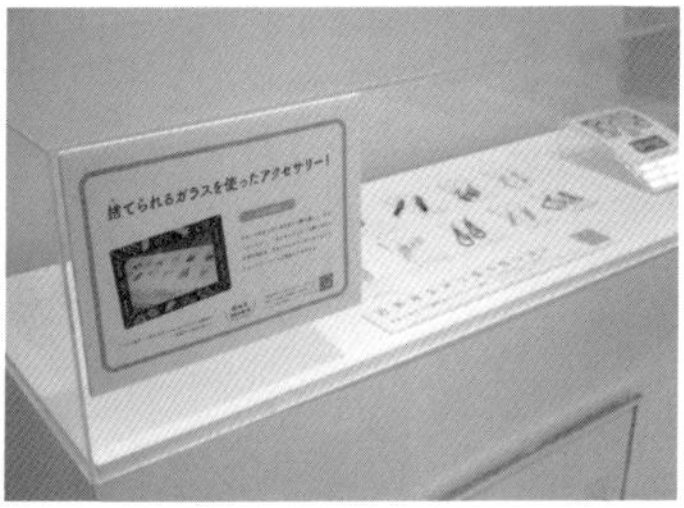

館内の該当スポットにも
解説パネルを設置

変われば名所になりうる。「屋上の配管の間から富士山が見えるスポットがある」「屋上の換気口から、レストランの焼き肉の匂いがする」など、まさに松坂屋静岡店を「別視点」から発見するツアーとなり、非常に盛り上がった。

２０２１年秋に開催された第１回目は、地域全体を盛り上げる第一歩として松坂屋静岡店館内をメインに実施し、翌年秋には第２弾として、同店周辺エリアにも対象を広げた「静岡ｎｅｏ散歩」を実施した。

〈参考〉「松坂屋ｎｅｏ散歩～おさんぽゲーム with ＳＤＧｓ～」を開催！松坂屋静岡店にて
https://betsushiten.com/news/1012/

企業の研修と組み合わせた実施

「ＳＤＧｓ発見クエスト」は、このような特定の施設や地域を舞台にするほか、様々な実施形態へも派生している。

事例のひとつは、企業のＳＤＧｓ研修と組み合わせた企画だ。社内でもともと取り組んでいた清掃活動と組み合わせ、会社の周辺エリアでト

松坂屋静岡店スタッフ木庭さんによるガイドツアーでは、一般客は立ち入れないバックヤードを歩いた

視点を投稿していただいた方にはオリジナルグッズをプレゼント

ングとゴミ袋を持ってゴミ拾いをしながら移動し、エリア内でのＳＤＧｓにまつわるスポットや、地域の文化・歴史が分かるようなスポットを巡る。会社周辺というなじみのあるエリアのまちなかで、ＳＤＧｓの具体的な取り組みに触れることで、「こんなところにＳＤＧｓがあった」「これもＳＤＧｓなのか」と、意外な観点からの発見を楽しむことができる。

「お散歩ゲーム型イベント」同様に、道中で各々発見した視点については写真で記録し、投稿していただく。そして、その回に集まった視点の写真を小さなフォトブックとして残す。参加できなかったメンバーや他部署への横展開を促し、年度ごとの成果とするなど、活動記録としての効果も生まれる。企業研修や通例のイベントと組み合わせたものであっても、ゲーム性を取り入れることで、ただ受動的にインプットするだけでなく、能動的な参加を促すことができる。社員にＳＤＧｓを意識付けするだけでなく、発見する視点のバリエーションによって、会社が立地する周辺地域への理解や愛着を生み出すこともできるのだ。

事例③：地域スクランブル大作戦

東京別視点ガイドでの取材や別視点ツアー、マニアフェスタ、お散歩ゲーム型イベント。これまで合同会社別視点が手がけてきたことを全て掛け合わせた取り組みが、２０２１年より新たに始めた「地域スクランブル大作戦」である。

これまでの様々な取り組みを通し、うまく連携したときには地域や個人のやりたいことを叶えてもらえる会社や団体との出会いが生まれた。また、様々な地域で他にはない魅力や価値のある取り組みを続けているプレイヤーにも出会ってきた。

一方でそれと同時に、「うちの地域には魅力的な場所があるけど、アピールの方法が分からない」「使ってもらいたい場所があるのに、利用者がいない」「プラットフォームがあるけれど、発信すべきコンテンツがない」など、欠けたパーツをどうにかしたい、という声も耳にしてきた。

たとえばマニアフェスタの場では、参加者同士がコラボレーションして、一緒にグッズを制作するなど、個人間での連携が自然発生的に生まれていた。その流れを参考にし、合同会社別視点がこれまで手がけてきた様々な場づくりや地域における価値創造のノウハウを活かし、手を結ぶとお互いのプラスになりそうな人たちを掛け合わせ、異なる属性や強み、リソースを持つ人同士が連携し、企業や地域レベルで新たな価値を生み出すプロジェクトを促せないだろうか。

そんな思いとともに始動したのが「地域スクランブル大作戦」だ。

福島県猪苗代町1ヶ月住みます会社――「地域っておもしろい」

「地域を掘れば掘るほどおもしろい」。そう気づいたきっかけが、「福島県猪苗代町1ヶ月住みます会社」という企画だ。福島県猪苗代町の元地域おこし協力隊で、現・日本きっかけデパートの國分健一郎さんに、「猪苗代にやってきて、別視点から地域創生の記事を書いてほしい!」とお声がけいただき実現したこの企画。2017年9月から10月にかけての1ヶ月間、福島県の中央部に位置する猪苗代町に別視点スタッフが滞在。福島のおもしろいスポットやイベント、人、会社を取材してまわり、ブログ記事やSNSで紹介した。また地図アプリ会社の協力のもと、地図上にも滞在中に発見したスポット情報を登録した。

猪苗代町に滞在中の前半は、ペンションや旅館、ビジネスホテルにairbnbなど、あえてあちこちを泊まり歩いたが、後半2週間は猪苗代町の中ノ沢温泉街にある旅館「磐梯西村屋」に逗留。長期滞在によって、企画に協力していただいた旅館の方だけでなく、近くの床屋で働く美容師さんに、秘密の場所で採った山菜を食べさせていただいたりと、温泉街で働く方たちとの交流も生まれた。滞在の最後には、

レトロな食堂
「舞木ドライブイン」

「1ヶ月住みます会社」の舞台となった、
猪苗代町の中ノ沢温泉街

取材で同行していたカメラマンがお礼を兼ねて、山菜を食べさせてくれた床屋で髪を切った。

滞在期間中には「るるぶに載らない福島の裏観光資源ランキング」と題した講演会や、芋煮会など、イベントもいくつか開催した。

こけし職人に、レトロなドライブイン。富士山が好きすぎて自宅の庭に富士山を作ってしまった男性。1ヶ月滞在してあちこちを取材し、地元の人の話をたくさん聞いてまわると、外からだと分からない、内側の人だから知っているおもしろいことをいろいろと発見できた。おもしろいスポットと地域、地域と地域、人間と人間、自然と生活など、点の情報をつなぐ関係性が見えてきたのだ。また顔の見える人間づきあいだからこそ、人間関係も丁寧で密。人的なつながりも生まれ、思い出深い交流が育まれた。

後日、もともと別視点ツアーの催行でお世話になっていた富士急トラベル株式会社の協力のもと、猪苗代町を1泊2日で巡るバスツアーも開催した。東京から25人が貸切バスで現地へ赴き、王道観光スポットから珍スポットまで、滞在中に発見したおもしろいところ10ヶ所を巡り歩き、現地の方々と交流した。

この企画のすぐ後の２０１７年12月〜２０１８年１月には、東京の離島を渡り歩く「東京の離島１ヶ月渡り歩きます会社」も実施。大島、利島、式根島、新島、神津島、三宅島、御蔵島、八丈島、青ヶ島、父島、母島という11の離島を取材してまわり、各地域でユニークなスポットや独自の活動をしている人たちを記事化した。

「１ヶ月住みます会社」「１ヶ月渡り歩きます会社」の取り組みを通して、「地域ってめちゃくちゃおもしろい」とあらためて感じた。また、地域の魅力は、うまく工夫すれば普段届かない層にも届くのではないか、ということも痛感した。

思い思いに彩色してオリジナルの赤べこを作る、赤べこ作り体験

この経験は、「地域スクランブル大作戦」の原点ともなっている。

〈参考〉

・「福島県猪苗代町一ヶ月住みます会社」やるぜ！会社ごと移住して書きまくる！【２０１７年９月12日から10月12日まで】
http://www.another-tokyo.com/archives/50553578.html

・１泊２日福島別視点ツアー、雪景色の激熱スポットを巡り倒した【レポ記事】
http://www.another-tokyo.com/archives/50556516.html#more

・「東京の離島１ヶ月渡り歩きます会社」やるぜ！会社ごと移動しまくる！【２０１７年12月16日から翌１月16日まで】
http://www.another-tokyo.com/archives/50555695.html

・日本きっかけデパート
https://www.nihon-kikkake.work/

地域スクランブル大作戦――
地域×企業をつなげて「地域を盛り上げる活動」を推進する場づくり

「地域スクランブル大作戦」は、「地域を盛り上げる活動」に関心のある企業・団体が交流し、新しい価値を創造する場を作ることを目指している。

定期的な会場イベント（地域スクランブル大作戦R）と並行し、オンライン上での勉強会&交流会（地域スクランブル大作戦W）や、ビジネスチャットツールのSlackスペースを使った交流を組み合わせ、「地域を盛り上げる活動」に関心のある企業や団体のコミュニティ化をはかっている。

会場イベントは、東急株式会社の協力のもと、東急が運営する渋谷ヒカリエ Creative Space 8/ で開催している。情報交換や相互交流をはかるため、登壇者によるプレゼンだけではなく、登壇者・会場参加者同士で自由に会話していただくマッチングセッションの時間も設けている。また東京近郊だけでなく幅広い地域からの参加を促すため、オンラインでの配信も行っている。

イベントでは、プロジェクトを通した参加者同士の連携をはかるべく、合同会社別視点とつながりのある企業の協力のもと、「施設の活用」「オリジナルグッズ製作」「ツアーの実施」など、個別プロジェクトへの参加も呼びかけている。実際にこの呼びかけを通じて実現したプロジェクトは、次回イベント時に成果報告を行っていただいている。

２０２１年11月に、第１弾として開催された会場イベントが、「地域スクランブル大作戦～ヒカリエ

2021年秋よりスタートした
「地域スクランブル大作戦」の会場

に集え!地域の視点〜」だ。会場での開催とともにオンライン配信も行い、会場参加・オンライン視聴合わせて、40名ほどが参加した。

イベントの前半部分では、地域の名産品を題材にしたカプセルトイや、コミュニティラジオ、町工場でものづくりの現場を体感できるイベントなど、独自の観点で地域活性化をはかる登壇者による活動事例が紹介された。

その後、参加者から寄せられた地域課題にまつわる具体的なお悩みをもとに、登壇者と参加者でディスカッションする「お悩み解決コーナー」では、会場参加していた株式会社ドワンゴから寄せられた「オンライン上のバスツアー「ニコニコバスツアー」を、より多くの地域で開催したい」というお悩みが契機となり、鳥羽水族館やミキモト真珠島といった三重の名所をバスガイドと巡る「ニコニコバスツアー鳥羽編」が実現した。

イベントの後半は、登壇者と参加者が自由に交流する「マッチングセッション」。時間を区切り、①同じグループ同士で交流、②隣のグループの方と交流、③全体で自由に交流という3つのスタイルでの交流を促した。参加者からは、「普段交流のない職種の方と有益な情報交換ができた」「おもしろかった。月1回のペースで開催してほしい」など、前向きな感想が寄せられた。

第2弾として2022年2月に開催されたのが、オンライン交流会・勉強会。ウェブ会議システム・

「地域スクランブル大作戦」構想

●地域の価値創造につながるコミュニティ構想

「地域をもりあげる活動」に関心のある企業・団体が交流し、新しい価値を創造する場を作ります。
渋谷ヒカリエ8/における会場イベント、オンラインでの交流、成果発表会を組み合わせて、
共に活動する仲間との連携を深め、地域課題の解決を進めていきます。

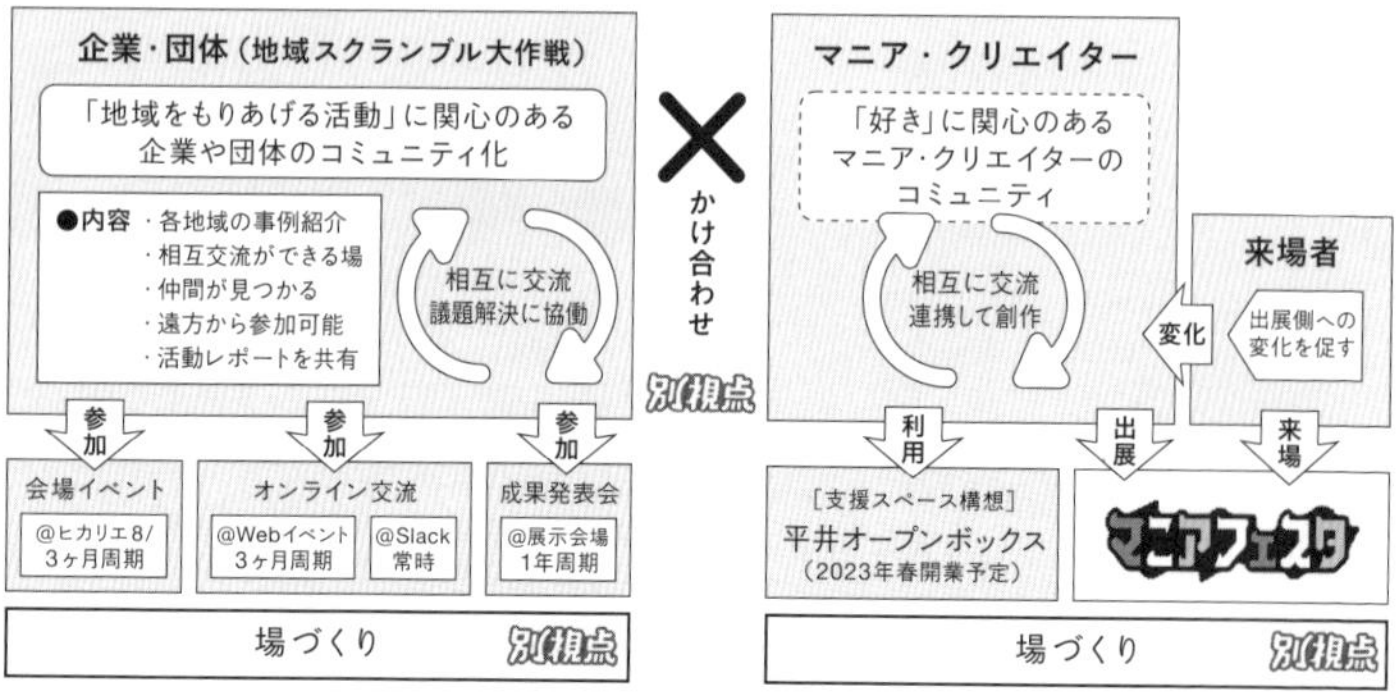

「地域スクランブル大作戦構想」の検討時の資料

ＺＯＯＭを使用し、前半は３名の登壇者がそれぞれの地域活性化にまつわる取り組みをプレゼン。その後、登壇者・参加者が入り混ざり、ＺＯＯＭのブレイクアウトルームで３〜４人ずつのグループに分かれ、自由に情報交換や交流を育む時間を設けた。

地域を問わずどこからでも参加可能というオンラインならではの利点を活かし、登壇者は伊豆や大阪、神戸、参加者も北海道、関東や関西、四国など各地から30名以上が参加。ブレイクアウトルームの制限時間があっという間に過ぎてしまうほど、各ルームで話が盛り上がっていた。

以降も、会場イベント・オンライン上での交流会・勉強会とも３〜４ヶ月のサイクルで継続的に開催されており、様々な交流が生まれている。

地域スクランブル大作戦では今後も、地域×企業が自由に混ざり合う場を作り続け、ユニークなプロジェクトが生み出されることを促していきたい。た

イベント前半では、独自の観点で
地域活性化に努める登壇者より活動事例報告

イベント後半は、登壇者と参加者が
自由に交流するマッチングセッション

とえばグッズを制作できる会社と地域とをつなぎ、様々な地域が参画し共通のテーマでグッズ制作を行うなど、われわれ合同会社別視点が横串を刺した企画のほか、参加者である地域・企業がそれぞれ持ち寄った企画を実現できるよう、連携を促していきたいと考えている。

会場イベントとオンラインでの交流を組み合わせながら、プロジェクトの実績が重なり一緒に盛り上げるメンバーが増加したら、一定の期間ごとに、「成果発表会」として、各地の名物を紹介する出展ブースや、地域スクランブル大作戦を通じて実現した成果を発表するトークなどを織り交ぜたイベントを開催する構想も進行中だ。

〈参考〉「地域スクランブル大作戦～ヒカリエに集え！地域の視点～」実施レポート
https://betsushiten.com/news/1026/

「別視点」で地域はもっとおもしろくなる

第4部では、「「別視点」を身につけることは誰にでもできる」という思いから、われわれ合同会社別視点が手がけてきたイベントをご紹介した。合同会社別視点のことを知っている人たちが集まるイベントだけでなく、鉄道駅の高架下や商業施設など、多様な年齢や属性の方々が行き交う場所でのイベントも実施した。

何かに特化した視点でまちを見てみると、「何もない」と思い込んでいた場所にも思いがけない見どころを発見できる。幅広いジャンルのマニアによる視点を知ると「いつもの風景が、こんなにも見どころにあふれていたなんて」という意外性や発見がある。

その視点は必ずしも、特定のジャンルに詳しいマニアや専門家だけが持っているものではない。そのまちに長くお住まいの高齢者が知っている地元の歴史。子どもが地べたを這いつくばって発見したダンゴムシの隠れ家や、隙間から生えた植物。決して派手なものではなくても、世間一般ではメジャーでなくても、「おもしろがる」という熱量や態度さえあれば、どんなものだって他にはない価値となるはずだ。

合同会社別視点では、今後も様々な地域で、そのまちならではの魅力を発掘する活動を続け、「別視点」を広げていきたいと思っている。

おわりに

本書では、マニアや専門家たちの「別視点」をヒントに、地域の魅力を発掘し楽しむ方法をご紹介してきた。

本書でご紹介したマニアたちは、身近に存在する様々な対象物を介して、何気ない風景に潜む美や味わいを発掘したり、世の中の動向を分析したりしている。

マニアたちがおもしろがっている対象物は、世間一般では大々的に注目を集めるものではないかもしれない。しかし、自分が心の底からおもしろいと思って、熱量高くその対象物を探求すれば、それは唯一無二の価値を持った「別視点」となる。

自分なりの「別視点」について、自身の中だけで楽しみ、探求を深めていくのももちろん良いが、それを外に向けてアウトプットしてみるのもおすすめだ。

本書では、マニアたちが、各自発見した「別視点」をどのようにアウトプットしているかもご紹介した。SNSや歌、ZINE、グッズ……。自分なりにピンとくる方法でアウトプットしてみると、国内外で同志と知り合えたり、仕事につながったり、日々の暮らしが楽しく豊かになったりと、想像を超えた広がりが生まれるだろう。

今後も引き続きわれわれは、幅広いジャンルのマニアが一堂に会する「マニアフェスタ」を続けていく。マニアフェスタは、知識の多さや経験の長さを競うイベントではない。ご自身の「別視点」を発表してみたいという熱量さえあれば、どんな人でも参加大歓迎だ。

これまで生きてきた中で培った力で、熱量を込めてアウトプットを続けていれば、それは地域の魅力発掘にもつながりうる。

本書では、われわれが実際に手がけたイベントやワークショップの事例もご紹介した。今後も合同会社別視点では、本書でご紹介した「インプット」「発見」「発表」を軸に、各地にお住まいの人自身が地域の魅力を発掘し、発信するワークショップやイベントを、各地で実施したいと考えている。興味を持っていただけた方がいたら、ぜひご相談いただきたい。

われわれ合同会社別視点のミッションでもある「世の中に「別視点」を増やす。」とは、そうやって様々な対象物を熱量高くおもしろがっている人が日本中にいる状態だ。

本書でご紹介した「別視点」を入り口に、これをお読みの方が自らの「別視点」を発掘していただけたら幸いだ。

２０２３年２月　合同会社別視点

SNS情報

マニアの方々についてもっと知りたい方はこちらをチェック！

T：Twitter／I：Instagram

ドジっ子看板マニア　赤沼俊幸　https://dojita.net／https://akanuma.red
T：@dozicollection／@toshiyuki83
商店街マニア　あさみん　https://papicocafe.blog.jp/　T／I：@papicocafe
片手袋マニア　石井公二　http://katatebukuro.com/　T：@rakuda2010　I：@koji.ishii.lostglove
電線マニア　石山蓮華　T：@rengege　I：@renge_ge
路線図マニア　井上マサキ　https://note.com/ino　T／I：@inomsk
空想地図マニア　今和泉隆行（地理人）　https://imgmap.chirijin.com/　T／I：@chi_ri_jin
バックヤードマニア　今井夕華　https://imaiyuka.net/　I：@backyard_watcher
峠の鉄道の歴史マニア　上原将太　https://haisen-walk.com/　T／I：@haisen_walk
歩行者天国マニア　内海皓平　T／I：@uchiumi_k
顔ハメ姿マニア　裏パネの人　I：@urapaneno_hito
いぬくそ看板マニア　うんこ看板　https://blog.goo.ne.jp/inuno_hun　T／I：@inuno_hun
小屋マニア　遠藤宏　https://note.com/endo_hiroshi　T：@endo_hiro4　I：@endo__hiroshi
カラーコーンマニア　おかだゆか　https://conemmunication.tumblr.com/　T／I：@conemmunication
鉄塔マニア　加賀谷奏子（鉄塔ファン）　T：@s_abao　I：@tetto_fan
ガラスブロックマニア　ガラスブロックマニアック　T：@glamniss_b　I：@glass_block_maniac
まちのチャーミングマニア　木村りべか　https://ribekakimura.wixsite.com/page　I：@charming_city_jp
旧町名マニア　旧町名をさがす会　102so　https://9cm.hateblo.jp　T：@102so
電気風呂マニア　けんちん　https://denkiburo.jimdofree.com/　T：@kenchin
室外機マニア　斎藤公輔（NEKOPLA）　T：@kawausokawauso　I：@nekopla_s
電飾マニア　サイバーおかん　https://tanago-design.com/teamtanago_mother
T：@1_design　I：@tanago_teamtanago
火曜サスペンスごっこマニア　さかもツインねね　https://sakamotwin.hatenablog.com/
T：@sakamotwin　I：@nozomiiiiiiiii
顔ハメ看板に自分がハマって写真を撮るマニア　塩谷朋之　T：@shioya20
アート系壁マニア　シガキヤスヒト　T／I：@neijin0218
野良サインマニア　ちかく　https://norasign.info/　T：@ooooooooo　I：@kssk
ゴムホースマニア　中島由佳　T：@nakasmith1　I：@nakasmith
松田ペット看板マニア　新稲ずな　T：@plus6etc
ドボクマニア　八馬智　https://hachim.hateblo.jp　T／I：@hachim088
道に落ちているもの（落ちもん）マニア　藤田泰実　T：@f_yoshimix　I：@fujitayoshimi
珍スポットマニア　松澤茂信　http://www.another-tokyo.com/　T：@matsuzawa_s
マニアのマニアによるマニアのためのアパレルマニア　マニアパレル　http://blog.livedoor.jp/r2koba/
T：@BAD_ON　I：@maniappa
野良イスマニア　Mr.tsubaking　T：@Mr_tsubaking　I：@nora_isu
路上園芸マニア　村田あやこ　https://botaworks.net/　T／I：@botaworks
街角狸マニア　むらたぬき　https://blog.goo.ne.jp/muratanuki　T／I：@tetsuro5
ドネルケバブマニア　メルツのドネルケバブログ　T：@kebablover081
散歩マニア　ヤスノリ　https://sanpoo.jp　T／I：@sanpoojp
平成レトロマニア　山下メロ　https://www.fancy80s.com/　T：@inchorin　I：@mero.yamashita

編：　**合同会社別視点**（ごうどうがいしゃ べつしてん）
100組以上のマニアが勢ぞろいするイベント「マニアフェスタ」、マニアなツアーガイドが現場で解説する「別視点ツアー」、インプット・発見・発表がワンセットになった体験型の「お散歩ゲーム型イベント」などを運営。まだ世にない「別視点」を創出する問題発見型アプローチをもとに、「今あるもの」を生かした地方創生のための地域プロモーション、企業・サービスのプロモーション、研修ツアーやワークショップ、イベント企画・運営、グッズ企画・制作などの事業を行っている。HP：https://betsushiten.com/

執筆：**松澤茂信**（まつざわ・しげのぶ）　合同会社別視点社長・国内旅行業務取扱管理者
国内外の変わった観光地や飲食店「珍スポット」を1000ヵ所以上巡る。ブログ「東京別視点ガイド」編集長、著書に『死ぬまでに東京でやりたい50のこと』（青月社）。

橘内勇人（きつない・はやと）　合同会社別視点副社長
プロジェクトマネジメント、新規事業開発、システム導入が得意な実務のよろづ屋。中小企業診断士として補助金／助成金申請の採択率が高い。

今井夕華（いまい・ゆか）　バックヤードウォッチャー・編集者
アーティスト、専門家、職人など「何かが大好きでたまらない人」の話を分かりやすく伝えるのが得意。連載に「るるぶkidsお仕事インタビュー」「今井夕華のバックヤード探訪」など。

村田あやこ（むらた・あやこ）　路上園芸鑑賞家・ライター
まちの植物や園芸の魅力を書籍やウェブ等で発信。著書に『たのしい路上園芸観察』（グラフィック社）、『はみだす緑　黄昏の路上園芸』（雷鳥社）。「散歩の達人」誌などで連載中。

マニア流！まちを楽しむ「別視点」入門
2023年3月31日　第1版第1刷発行
2023年6月10日　第1版第2刷発行

編　者　　合同会社別視点

発行者　　井口夏実
発行所　　株式会社学芸出版社
〒600-8216 京都市下京区木津屋橋通西洞院東入
電話：075-343-0811　http://www.gakugei-pub.jp/　info@gakugei-pub.jp
編集担当　神谷彬大

デザイン　漆原悠一（tento）
印刷・製本　シナノパブリッシングプレス

ISBN 978-4-7615-2843-0